Ausblick: Die Welt auf den Füßen 125
7
6.2
Sich nicht spalten lassen 119
Transformation durch Eskalation? 110
6
5.1
Was tun mit dem Staat? 98
Gegen-Hegemonie und Staat 97
5
4.5
Solidarische Beziehungsweisen weben 88
5.2
Auf welcher Ebene ansetzen? 105
4.1
Organizing - Transformation aus dem Alltag heraus 63
6.1
Die Gewalt der Verhältnisse entlarven 113
4.4
Geschichten des Wandels erzählen 83
4.3
Zu Verbündeten und Kompliz*innen werden 77
Solidarische Gegen-Hegemonie aufbauen 60
4
4.6
Keine muss alleine 93
4.2
Kämpfe verbinden 71

TRANSFORMIEREN IST EIN TU-WORT

Viele tolle Gruppen setzen sich dafür ein, dass sich unsere Gesellschaft grundlegend und langfristig in eine solidarische Zukunft entwickelt. Mit diesem Handbuch wollen wir diese Menschen dabei unterstützen, zielgerichtete Perspektiven und Strategien für ihr Engagement zu entwickeln – und so erfolgreicher zu werden.

Solidarität zeigt sich immer wieder kurzfristig als Reaktion auf akute Krisensituationen. Dann werden nicht nur einzelne Personen aktiv, sondern auch die breite Gesellschaft. Dies zeigten beispielsweise Krisen wie Covid-19 oder der Ukrainekrieg, die die Verletzlichkeit der globalisierten Welt von heute auf morgen deutlich machten. Doch der kapitalistische Normalbetrieb läuft in der Regel weiter wie gehabt. Ausbeutung, sowohl von Menschen als auch von nicht-menschlicher Natur, und Diskriminierung sind weiterhin allgegenwärtig. Solidarität endet an Nationalgrenzen und die EU lässt Menschen unter unwürdigen Bedingungen an den europäischen Außengrenzen erfrieren. Statt solidarische Gesundheitssysteme auszubauen, werden Milliarden in klimaschädliche Industrien und militärische Aufrüstung gesteckt. Während viele Menschen ihre Miete nicht mehr zahlen können, steigen die Gewinne von Immobilienkonzernen. Damit der globale Kapitalismus ungestört weiterläuft, wird das Wohlergehen von Mensch und Mitwelt hintangestellt. Die Problemursachen stecken in den Strukturen unseres gesellschaftlichen und wirtschaftlichen Systems und ermöglichen einigen ein Leben auf Kosten anderer Menschen und der nichtmenschlichen Natur. Auch unser Alltag ist verwoben mit Ausbeutungs- und Herrschaftsverhältnissen – das nennen wir imperiale Lebens-, Produktions- und Reproduktionsweise.[1]

Mehr über das Konzept der imperialen Lebensweise und unsere Vision für eine solidarische Lebensweise kannst du in unseren Büchern „Auf Kosten anderer" und „Das Gute Leben für Alle" nachlesen, online und kostenlos unter: ilawerkstatt.org

Was wäre, wenn es anders ginge? Wenn wir es schaffen würden, nicht auf Kosten anderer zu leben, also eine solidarische Lebensweise aufzubauen? Unterschiedliche soziale Bewegungen werfen diese Fragen immer wieder auf. Trotz der Kämpfe gegen das Bestehende, in denen Perspektiven für ein gutes Leben für alle durchscheinen, ist ein Systemwandel jedoch nicht in Sicht. Die imperiale Lebensweise ist beharrlich und taucht in unterschiedlichen Formen immer wieder auf. Umso dringlicher sind die Fragen:

Wie schaffen wir es, die Weichen hin zu einem Guten Leben für alle zu stellen? Wie können wir eine solidarische, sozial-ökologische Lebensweise breit und dauerhaft aufbauen? Welche Strategien gibt oder braucht es in der gesellschaftlichen Linken dafür?

1 Der Begriff wurde geprägt von den Sozialwissenschaftlern Ulrich Brand und Markus Wissen (2017): Imperiale Lebensweise. Zur Ausbeutung von Mensch und Natur im globalen Kapitalismus. Oekom.

Wenn wir im Folgenden von imperialer Lebensweise sprechen, meinen wir immer auch die imperiale Produktions- und Reproduktionsweise.

Finanziell unterstützt durch:

STIFTUNG MENSCHENWÜRDE UND ARBEITSWELT

medico international

KAUZ
KLIMA, ARBEIT & ZUKUNFT

Bibliografische Information der Deutschen Nationalbibliothek:
Die Deutsche Nationalbibliothek verzeichnet diese Publikation in der Deutschen Nationalbibliografie; detaillierte bibliografische Daten sind im Internet über www.dnb.de abrufbar.

oekom – Gesellschaft für ökologische Kommunikation mbH
Waltherstraße 29, 80337 München

Herausgeber: I.L.A.-Kollektiv | ilakollektiv.org

Autor*innen, Layout und Satz: Anton Brokow-Loga, Carla Noever Castelos, Felix Ries, Jonas Lage, Nilda Inkermann, Tobias Kalt
Lektorat: Katharina van Treeck (www.nachhaltige-texte.de), Johanna Ritter
Umschlaggestaltung: © Sarah Heuzeroth, www.sarah-heuzeroth.de
Illustrationen: © Sarah Heuzeroth, www.sarah-heuzeroth.de
Druck: Friedrich Pustet GmbH & Co. KG, Regensburg

ISBN: 978-3-96238-405-0
E-ISBN: 978-3-96238-964-2
https://doi.org/10.14512/9783962389642

FSC RECYCLED
Papier aus Recyclingmaterial
FSC® C014889
www.fsc.org

Klimaneutral Verlag
ClimatePartner.com/53585-1805-1001

I.L.A. Kollektiv

Die Welt auf den Kopf stellen

Strategien für radikale Transformation

Ein Handbuch für Menschen
in sozialen Bewegungen

oekom

Diese Karte hilft dir bei der Orientierung in diesem Buch. Die Wege zeigen mögliche Verbindungen zwischen den unterschiedlichen Teilen, denn das Buch muss nicht von vorne nach hinten durchgelesen werden. Vielmehr kannst du dir die Teile raussuchen, die dir gerade für dich und euch relevant erscheinen und so eigene Wege durch das Buch finden.

Falls du ein „klassisches“ Inhaltsverzeichnis suchst, findest du es auf Seite 127.

Radikale Transformation – Worum geht's hier eigentlich?

Kurz gesagt: Transformation meint Prozesse, die einen umfassenden gesellschaftlichen Wandel hervorbringen und die herrschenden Verhältnisse überwinden. Daher auch der Titel unseres Buchs, der von der Idee des Pachakuti inspiriert ist. *Pachakuti* ist ein Begriff aus dem Andenraum, aus der indigenen Aymara-Sprache. Der Chronist Waman Puma de Ayala hat ihn als „die Welt auf den Kopf stellen" übersetzt. Gemeint ist ein radikaler Wandel der Welt, wie wir sie kennen. Wie der uruguayische Aktivist und Intellektuelle Eduardo Gudynas beschreibt, meint Pachakuti, mit den bestehenden Verhältnissen revolutionär zu brechen und sie aufzulösen – und gleichzeitig schon etwas Neues zu schaffen.[2] Im Alltagshandeln, in neuen Beziehungsweisen mit Mensch und nicht-menschlicher Natur, in neuen Vorstellungswelten und politischen Praktiken entsteht eine Vielzahl von neuen Welten.

Die Inhalte und die Richtung von gesellschaftlichem Wandel sind umkämpft – auch reaktionäre und marktliberale Akteur*innen sprechen über die Notwendigkeit gesellschaftlicher Transformationsprozesse. Wir knüpfen an der zuvor beschriebenen Idee an und fassen Transformation als einen umfassend emanzipatorischen Begriff, der die radikale Überwindung gesellschaftlicher Herrschaftsverhältnisse von unten betont. Eine sozial-ökologische Transformation zielt bei diesem Prozess auf eine sozial gerechte und ökologisch stabile Gesellschaft ab (→ Kapitel: **TRANSFORMATION HEISST SYSTEM CHANGE**).

Darüber hinaus bedeutet Transformation, dass vielfältige Übergangsprozesse den Systemwandel herbeiführen – diese können mal schnell, laut und abrupt und mal schleichend, kontinuierlich und unscheinbar sein. Transformation verbindet revolutionäre Veränderungen mit reformartigem Umbau. Menschen suchen Ansatzpunkte, um das Hier und Heute vor Ort zu verbessern und verweisen damit gleichzeitig auf ein besseres Morgen, in dem das Zusammenleben ganz anders – solidarisch, ökologisch und herrschaftsfrei – gestaltet ist. Dafür gibt es keinen Masterplan und kein zentrales Transformationskomitee, das den Systemwandel steuert. Es ist ein kollektiver Suchprozess nach einem Guten Leben für alle und den Wegen dorthin (→ Kapitel: **WIE KOMMT DER WANDEL IN DIE WELT?**).

Emanzipatorische Transformation wird von vielen gemacht und dreht sich unserer Meinung nach ganz zentral um den Aufbau wirkungsvoller Gegen-Hegemonie von unten (der Begriff der *Gegen-Hegemonie* wird im → Kapitel: **SOLIDARISCHE GEGEN-HEGEMONIE AUFBAUEN** genauer erläutert). Bei der Aushandlung von Transformationsprozessen spielen die bestehenden Institutionen und (staatlichen) Rahmenbedingungen, in denen wir uns als Menschen auf der Suche nach einem Guten Leben für alle bewegen, eine wichtige Rolle (→ Kapitel: **HEGEMONIE UND STAAT**). Und nicht zuletzt stellt sich die Frage, wie wir gegen die starken Beharrungskräfte und gewaltvollen Verhältnisse der imperialen Lebensweise ankommen (→ Kapitel: **TRANSFORMATION DURCH ESKALATION?**).

Wofür und für wen ist dieses Handbuch?

Schon unzählige Menschen haben sich kluge Gedanken zum Thema Transformation gemacht. Leider verstauben viele dieser Ideen und Erkenntnisse in wissenschaftlichen Studien und Sammelbänden. Gleichzeitig haben soziale Bewegungen wertvolle Erfahrungen gesammelt und einzelne Kämpfe für gesellschaftliche Veränderungen gewonnen – und manchmal bleibt wenig Zeit für den Blick aufs große Ganze. Wir wollen in diesem Handbuch beides zusammenbringen – in einer Form, die für linken (Bewegungs-)Alltag brauchbar ist.

Daher ist dieses Handbuch in erster Linie für Aktivist*innen im breiten sozial-ökologischen Bewegungsspektrum gedacht. Wir schreiben für Menschen, die in verschiedenen Kontexten gesellschaftliche Transformation von unten anstoßen und erkämpfen. Wir möchten kleinere und größere Gruppen darin unterstützen, an ihrem politisch-strategischen Wissen zu feilen und ihnen Vokabular und Methoden an die Hand geben, um transformative Strategien zu entwickeln. Strategie

2 Eduardo Gudynas (2019): Revolution. In: Ashish Kothari et al. (Hrsg.): Pluriverse. A Post-Development Dictionary. Tulika & Authors Upfront. S. 293-296.

meint dabei, ein Ziel vor Augen zu haben und den langfristigen Weg dorthin zu planen und zu beschreiten. Der Begriff kommt ursprünglich aus der militärischen Praxis und setzt ein hohes Maß an Planbarkeit voraus. Diese Logiken lassen sich nicht auf emanzipatorische Transformationsprozesse übertragen. Trotzdem glauben wir, dass es für soziale Bewegungen wichtig ist, strategisch zu denken.

Denn vielleicht stellt auch ihr euch folgende Fragen, wenn ihr über die Wirksamkeit eurer Arbeit und eure Theorie gesellschaftlichen Wandels (*Theory of Change*) nachdenkt: Wo wollen wir hin? Wie erreichen wir eine Vision vom Guten Leben für alle? Und was sind wichtige Hebelpunkte, Handlungsschritte und Fragen auf dem Weg dorthin?

Dieses Handbuch möchte euch dabei helfen, Antworten auf diese Fragen zu finden und eure Theory of Change zu entwickeln, zu überprüfen und zu schärfen – und zwar speziell mit Blick auf die Frage, wie eure politische Arbeit gegenhegemoniale Wirksamkeit entfalten kann.

Wie funktioniert das Handbuch?

Ihr findet zu Beginn der Kapitel häppchenweise aufbereitetes **Theorie-Wissen** und dann einzelne anwendungsbezogene **Strategie-Bausteine**. In den Bausteinen verweisen wir auf **Beispiele** aus sozialen Bewegungen und es gibt **Tipps, wo ihr euch weiter informieren könnt**. Außerdem findet ihr zu allen Strategie-Bausteinen auch **Übungen**, die ihr allein oder als Gruppe machen könnt. Du kannst das Handbuch von vorne bis hinten durchlesen, oder du pickst dir raus, was dich gerade interessiert. Die Querverweise kannst du nutzen, um die Verbindungen zwischen den einzelnen Strategie-Bausteinen und Themen besser zu verstehen.

Wir hoffen, dass euch dieses Buch unterstützt, über Transformationsstrategien und eure Theory of Change nachzudenken – und loszulegen! Denn: Transformieren ist ein Tu-Wort!

I.L.A. KOLLEKTIV

Du hast eher Fragen zu kurzfristigen Taktiken, also den Mitteln, um deine Strategie umzusetzen? Ihr wollt wissen, wie ihr Gruppentreffen moderieren und Konsensentscheidungen treffen könnt oder konkrete Aktionsplanung vornehmt? Dich interessiert Organisationsentwicklung? Das findest du in diesem Buch nicht. Wir haben jedoch ein paar Hinweise auf andere hilfreiche Quellen zu diesen Fragen gesammelt:

- *350.org*: viele hilfreiche Ressourcen und Materialien, um Wissen zu teilen, Beziehungen aufzubauen und erfolgreich Workshops zu leiten/zu organisieren sowie Webinare und Workshops: de.trainings.350.org/
- *Beautiful Trouble*: Portal mit Methoden, Geschichten, Theorien, Taktiken und Prinzipien; zusammengestellt von internationalen Aktivist*innen zur Unterstützung von sozialen Bewegungen: beautifultrouble.org
- Elisabeth Hanzl und Andreas Meier (2021): *Handbuch Selbstorganisation*. Wie die Zusammenarbeit in Gruppen gelingt; unterstützt bei der Gestaltung von wertschätzenden und bestärkenden Gruppenzusammenhängen: handbuch-selbstorganisation.org/
- Interventionistische Linke Berlin, Klima-AG: *Solidarity will win*. Alles eine Frage der Organisierung. Ratgeberin für Klimabewegte und solche, die es werden wollen; Unterstützung für Gruppenaufbau und Aktionsplanung: interventionistische-linke.org/solidarity-will-win
- *Phase5 - kollektive Strategieentwicklung*: Kollektiv, das Strategieworkshops und Materialien für Bewegungen anbietet: phase5-kollektiv.org/material
- Prentis Hemphill und Black Lives Matter Healing Justice Working Group (2018): *Chapter Conflict Resolution Toolkit*; Unterstützung für achtsamen Umgang mit internen Gruppenkonflikten: blacklivesmatter.com/resources/
- *stuhlkreis_revolte*: Kollektiv für emanzipatorische Bildungsarbeit und Prozessbegleitung, das Gruppen bei der Organisations- und Projektentwicklung unterstützt: stuhlkreisrevolte.de
- Urban Equipe und Kollektiv Raumstation (2020): *Organisiert euch!*; Handbuch mit praktischem Wissen und Tools für den Alltag engagierter Kollektive: organisiert-euch.org/

Wer schreibt hier eigentlich?

Wir sind einzelne Menschen aus dem *I.L.A. Kollektiv**, die gern über Transformation nachdenken, eine Schwäche für Theorien haben und deren Herz auch für die praktische Arbeit für ein Gutes Leben für alle schlägt. Manche von uns machen Bildungsarbeit, manche lohnarbeiten an der Uni, manche gärtnern und imkern, manche wechseln Windeln. Wir sind in verschiedenen Teilen der gesellschaftlichen Linken aktiv – von der Klimagerechtigkeitsbewegung zu internationalistischen Initiativen, Stadt- und Mietenpolitik zu queerfeministischen Gruppen. Wir bringen unterschiedliche Meinungen ein und sind uns auch nicht immer einig. Manche von uns erfahren in ihrem Alltag regelmäßig Diskriminierung, andere nicht. Es schreiben hier Menschen, die das System kacke finden, darunter auch persönlich leiden und es sehnlichst ändern wollen, die aber trotzdem die meiste Zeit relativ gut darin durchkommen. Wenn wir aus dieser Perspektive und mit diesen Erfahrungen über Systemwandel sprechen, ergeben sich unausweichlich Lücken und Verzerrungen. Wir haben versucht, diesen entgegenzuwirken, indem wir die Geschichten, Erfahrungen, das Wissen, die Einschätzungen und Meinungen vieler Menschen in den Entstehungsprozess des Handbuchs eingebunden haben.

So haben wir dieses Buch nicht alleine geschrieben. Wissen entsteht nicht in erster Linie am Schreibtisch, sondern in der Praxis, im Austausch, in gemeinsamen Erfahrungen. Wir wollen hier bekräftigen, dass dieses Handbuch nicht nur Ergebnis unserer eigenen Beschäftigung mit Strategiearbeit ist, sondern vielmehr auf den Erfahrungen abertausender Menschen basiert, die für ein Gutes Leben für alle gekämpft haben und kämpfen. Wir haben Geschichten recherchiert und niedergeschrieben, engagierte Menschen gefragt und ihnen zugehört, Methoden gesammelt und weiterentwickelt. Auch ganz praktisch haben wir dieses Buch nicht allein verfasst. Wir hatten großartige Unterstützung von vielen Feedback- und Impulsgebenden, die sich verschiedenen sozialen Bewegungen verbunden fühlen. Ein riesiger Dank geht raus an: Afrique-Europe-Interact, Armin Kuhn, Elisabeth Voß und die Redaktion des Trossenstek, Franza Drechsel (Feminist*Dialogues), Franziska Müller (Uni Hamburg), Hannah Engelmann-Gith (Queeres Zentrum Göttingen, I.L.A. Kollektiv), Jael Rollin (Bewegungsstiftung, in our bodies - on the streets, Kommunikationskollektiv), Jannis Eicker (I.L.A. Kollektiv), Jonas Korn (I.L.A. Kollektiv), Jonathan Joosten (Der Laden Weimar), Kai Kuhnhenn und Lasse Thiele (Konzeptwerk Neue Ökonomie), Karen Johne (ATCC), Karin Walther (Projektbegleitung I.L.A. Werkstätten, Bewegungsakademie), Klimagerechtigkeit Kassel – KligK, Lumii (Ende Gelände), Ruth Fartacek (I.L.A. Kollektiv, KAUZ), Sarah Klemm (Dissens – Institut für Bildung und Forschung), Stephan Liebscher, Tino Pfaff (Aktivist), Wiebke Thomas (I.L.A. Kollektiv). Wir danken Sarah Heuzeroth für die fantastischen Illustrationen und dafür, dass sie Transformation in eine Sprache verpackt hat, die unsere Herzen anspricht. Außerdem danken wir Johanna Ritter und Katharina van Treeck dafür, dass sie durch ihr tolles Lektorat schwierige Inhalte für mehr Menschen zugänglich gemacht haben.

***** Im I.L.A. Kollektiv organisieren sich Menschen, die an den I.L.A. Werkstätten teilgenommen haben. In den I.L.A. Werkstätten setzen sich junge Wissenschaftler*innen und Aktivist*innen mit den Problemen der **i**mperialen **L**ebensweise und Möglichkeiten solidarischer **A**lternativen auseinander: kurz **I.L.A.** Wir entwickeln und erproben Transformationsstrategien für einen sozial-ökologischen Wandel und verknüpfen wissenschaftliche Analyse mit politischer Praxis. Mehr Infos unter: aufkostenanderer.org

Dieses Handbuch ist ein Übungsheft für deine und eure Praxis. Die Methoden nehmen daher eine wichtige Rolle ein. Wir haben für die Bausteine bestehende Übungen zusammengetragen, weiterentwickelt oder ganz neue erarbeitet. Auch haben wir versucht, verschiedene Übungstypen zu mischen: Reflexionsfragen, emotionsgeleitete oder körperliche Übungen, aber der Großteil sind kopflastige, analytische Übungen. Sicherlich sind nicht alle Methoden für alle gleich brauchbar. Bitte versteht die Übungen als ein Angebot, das ihr euren Bedürfnissen und Möglichkeiten anpassen könnt.

Angaben zu erforderlicher Zeit und Gruppengröße sind Empfehlungen und nicht strikt zu verstehen. Einige Übungen setzen idealerweise einiges an Material voraus. Aber die meisten Übungen lassen sich auch abgewandelt durchführen, mit weniger Material, anderen Gruppengrößen oder anderen Zeitressourcen. Leider konnten wir an dieser Stelle nicht darauf eingehen, inwiefern die Übungen auch mit digitalen Tools umsetzbar sind.

Bei den meisten Übungen macht es Sinn, für die Durchführung der Übungen eine Person oder ein Team festzulegen, die/das die Übung vorbereitet, durch die Übung führt und sich für die Moderation verantwortlich fühlt. Zum Schluss möchten wir euch noch ermuntern, einzelne Übungen zu verschiedenen Zeitpunkten zu wiederholen und durch die Veränderung Neues über euch und eure Strategien zu lernen.

Falls ihr bei der Anpassung der Übungen Unterstützung braucht, Rückmeldungen habt oder eure Erfahrungen damit mit uns teilen möchtet, schreibt uns gern an: post@ilakollektiv.org

In dieser Rubrik findet ihr Tipps, wo ihr euch weiterinformieren könnt. Wir haben uns bemüht, frei zugängliche Quellen zusammenzutragen. Aber wollen auch auf Hinweise auf manche andere Texte und Quellen nicht verzichten, die wir hilfreich finden. Schaut doch mal bei eurer lokalen Bibliothek, ob ihr sie dort finden könnt. Da sich die Debatten rund um radikale Transformation und Strategien nicht auf den deutschsprachigen Raum beschränken, sind einige unserer Tipps zum Weiterlesen auf Englisch und Spanisch.

Transformation heißt System Change

Transformation ist in aller Munde. Alle wollen Transformation, aber nicht alle meinen dasselbe: Warum Transformation innerhalb bestehender Strukturen nicht funktioniert, sondern die Strukturen selbst transformiert werden müssen und warum Transformation antikapitalistisch, intersektional und internationalistisch sein sollte.

Transformation ist ein Buzzword – längst nicht mehr nur in der ökologisch interessierten Szene. Aber nicht alle Akteur*innen meinen damit dasselbe. Das wird schon daran deutlich, dass von der SPD über die deutsche Bischofskonferenz bis hin zum Anti-Kohle-Bündnis *Ende Gelände* viele sehr unterschiedliche Akteur*innen den Begriff Transformation nutzen. Der Begriff verbreitet sich rasend schnell, doch nicht immer sind damit systemkritische Inhalte verbunden.
„Es ist einfacher, sich das Ende der Welt vorzustellen als das Ende des Kapitalismus." Der viel zitierte Ausspruch des Kulturwissenschaftlers Frederic Jameson gilt auch für die Transformationsdebatte. Obwohl viele anerkennen, dass wir in Zeiten tiefer sozialer, ökologischer, ökonomischer und politischer Krisen leben, gehen die Antworten auf diese Krisen oft nicht über kleine, schrittweise Veränderungen innerhalb bestehender Institutionen und Systemlogiken hinaus. Der Kapitalismus soll begrünt werden, neue Technologien sollen Heilsbringerinnen sein und engagierte Unternehmen und Staaten sollen es richten. Ausgeblendet werden dabei systemische Krisenursachen, die im Kapitalismus und in patriarchalen, rassistischen und neokolonialen Herrschaftsverhältnissen liegen.

Wie verwenden wir, die Autor*innen dieses Handbuchs, den Begriff der Transformation? Wir folgen einem kritisch-emanzipatorischem Verständnis von Transformation als Systemwandel oder *System Change*. **Kritisch**, weil Transformation für uns bei der Analyse und Kritik der systemischen Krisenursachen ansetzt. **Emanzipatorisch**, weil es uns um das Gute Leben für alle geht und darum, Herrschaft, Ausbeutung und Unterdrückung weltweit zurückzudrängen und zu überwinden. **System Change**, weil wir für eine emanzipatorische Transformation einen umfassenden Wandel hin zu einer Vielzahl an solidarischen Lebensweisen notwendig halten und wir uns nicht mit Schönheitskorrekturen an der imperialen Lebensweise zufriedengeben. Im Folgenden stellen wir drei Leitprinzipien einer emanzipatorischen Transformation vor, die wir für zentral halten: **Anti-Kapitalismus**, **Intersektionalität** und **Internationalismus**.

Kapitalismus ist eine Wirtschafts- und Gesellschaftsform, die sich durch Konkurrenz und grenzenloses Wirtschaftswachstum auszeichnet. Der Kapitalismus basiert auf einer Klassengesellschaft, in der einige wenige Menschen viel Reichtum anhäufen, indem sie viele andere für sich arbeiten lassen und dabei Menschen und nicht-menschliche Natur ausbeuten. Um konkurrenzfähig zu bleiben, müssen Unternehmen zum einen ihre Kosten niedrig halten. Das schaffen sie, indem sie Löhne drücken, den Arbeitsdruck erhöhen und Arbeitsunterbrechungen verhindern. Zum anderen müssen Unternehmen unter Konkurrenzdruck stetig expandieren, wodurch ein Drang zum grenzenlosen Wirtschaftswachstum entsteht. Die Kosten ihres Wirtschaftens wälzen Unternehmen schließlich auf unterdrückte Gruppen und die natürliche Mitwelt ab. Konkurrenz, Expansion und Ausbeutung von Mensch und nicht-menschlicher Natur gehören zu den Systemlogiken des Kapitalismus. Auch ein sogenannter grüner Kapitalismus folgt diesen Systemlogiken und bietet keinen Ausweg aus den vielfältigen Krisen unserer Zeit. Denn auch grünes Wachstum hat einen immer steigenden Ressourcenbedarf und führt zu sozialen und ökologischen Kosten, etwa durch den Bergbau für scheinbar klimafreundliche Technologien, die weiterhin benachteiligte Gegenden und Gruppen tragen. Eine Transformation, die die Klimakrise eindämmt, soziale Ungleichheiten verringert und ein Gutes Leben für alle ermöglicht, ist daher **anti-kapitalistisch** (→ Baustein: **SYSTEMISCH DENKEN STATT SCHEUKLAPPENBLICK**).

Kapitalismus wirkt mit anderen Herrschaftssystemen, wie Patriarchat, Kolonialismus, Ableismus und Speziesismus, zusammen. Diese verschränkten Herrschaftssysteme erlauben imperialistischen Staaten und Konzernen zu geringen Kosten auf billig gemachte Natur und Arbeit zuzugreifen. Dazu gehören die Ausbeutung von Menschen, die gewaltvolle Aneignung von natürlichen Ressourcen durch Kolonialismus und Imperialismus und die un- beziehungsweise unterentlohnte und häufig unsichtbar gemachte Sorgearbeit von Frauen, und vor allem Migrantinnen, in der patriarchalen Arbeitsteilung. Diese miteinander verwobenen Herrschaftssysteme haben in einer langen Geschichte der Unterdrückung Institutionen und Denkweisen hervorgebracht, die Menschen in binäre Kategorien einordnen und eine Hierarchie innerhalb dieser Kategorien etablieren (*weiß*>Schwarz, männlich>weiblich, hetero>homo, und viele andere mehr). Dadurch wird die Ausbeutung, Unterdrückung und Diskriminierung von Menschen, die als minderwertig gekennzeichnet und in untergeordnete Kategorien gesteckt werden, gerechtfertigt. Die Dekolonisierung der kapitalistischen Moderne hinterfragt das Fortschritts- und Entwicklungsdenken und öffnet die Tür hin zu einer Vielzahl an solidarischen Gesellschaftsentwürfen, die nebeneinander existieren können. In der dekolonialen Debatte wird dafür häufig der Begriff eines „Pluriversums" verwendet oder in den Worten der indigenen Befreiungsbewegung der Zapatistas: „Eine Welt, in der viele Welten Platz finden."[3]

3 Ejército Zapatista de Liberación Nacional (EZLN) (1996): Cuarta declaración de la selva Lacandona, espaciolibremexico.files.wordpress.com/2012/10/pdf.pdf

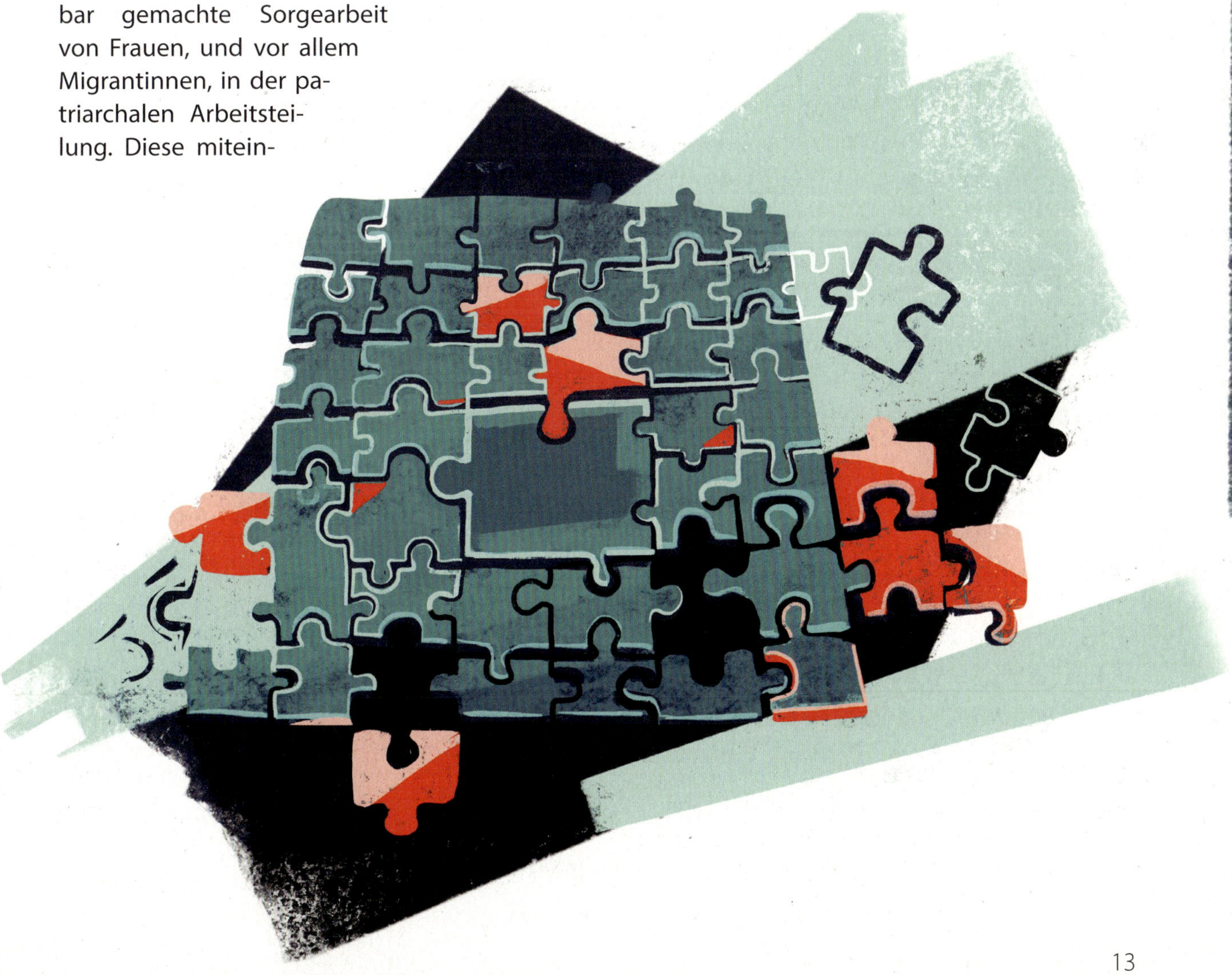

Der Begriff **Intersektionalität** hilft dabei, die Zusammenhänge zwischen verschiedenen Formen der Ungleichheit, Unterdrückung und Ausbeutung sichtbar zu machen, um deren Ursachen zu bekämpfen. Einen seiner Ursprünge hat das Konzept in den späten siebziger Jahren im Umfeld des Schwarzen Feminismus in den USA. Das *Combahee River Collective*, eine Gruppe Schwarzer, lesbischer und sozialistischer Feminist*innen, prangerte sowohl Rassismus in der *weißen* feministischen Bewegung wie auch Sexismus, Homofeindlichkeit und Machismus in der Schwarzen Bürgerrechtsbewegung an. Einige Jahre später prägte die Juristin Kimberlé Crenshaw den Begriff der Intersektionalität. Dieser kann erklären, wie Unterdrückungssysteme wie Sexismus, Rassismus und Kapitalismus ineinandergreifen, zusammenwirken und bekämpft werden können.[4] Für uns bedeutet eine intersektionale Perspektive auf Transformation einerseits, uns mit unseren eigenen gesellschaftlichen Positionen auseinanderzusetzen. Andererseits meint sie, anzuerkennen, wie Macht und Herrschaft im Kapitalismus mit verschiedenen Diskriminierungsformen zusammenwirken und das Gute Leben für alle verhindern. Um nicht bei dieser Anerkennung stehen zu bleiben, müssen wir Unterdrückungssysteme, die uns und andere betreffen, aktiv überwinden (⟶ Baustein: **INTERSEKTIONAL HANDELN**). Daraus ergibt sich auch, sich mit Menschen, die gegen Unterdrückungssysteme kämpfen, unter denen wir nicht direkt leiden, zu solidarisieren und uns ihrem Kampf gegen Unterdrückung anzuschließen. Dadurch weitet sich auch der Blick auf neue Allianzen. Nur vielfältige, miteinander solidarische Bewegungen von unten können die große Aufgabe der Transformation gemeinsam schaffen (⟶ Baustein: **KÄMPFE VERBINDEN**).

Da Kapitalismus und Imperialismus globale Herrschaftssysteme sind, ist auch eine emanzipatorische Transformation global. Sonst drohen transformative Vorhaben lediglich Inseln des Guten Lebens für wenige in einem Meer von Ungleichheit zu schaffen. Deswegen ist die Solidarität von global vernetzten internationalistischen Bewegungen wichtig. **Internationalismus** und globale Solidarität haben mehrere Gesichter. Beides bedeutet, solidarische Beziehungsnetze mit emanzipatorischen Akteur*innen weltweit aufzubauen. Es kann darum gehen, Informations- und Solidaritätsarbeit zu Befreiungskämpfen an anderen Orten, wie in Chiapas oder Rojava, zu machen. Eine andere Form kann sein, praktischen Widerstand vor Ort zu leisten, der mit Kämpfen andernorts verbunden ist, beispielsweise durch Protestaktionen gegen Menschenrechtsverletzungen vor hiesigen Konzernzentralen. Globale Transformation bedeutet, emanzipatorische Kämpfe an einem Ort mit emanzipatorischen Kämpfen an anderen Orten zusammenzudenken. In der globalen Transformation verbünden sich Aktivist*innen, die im Globalen Norden und Globalen Süden für ein Gutes Leben für alle kämpfen. Dabei sollte es allerdings Aktivist*innen aus dem Globalen Norden nicht um Wohltätigkeit gehen, sondern um Solidarität (⟶ Baustein: **ZU VERBÜNDETEN UND KOMPLIZ*INNEN WERDEN**). Es ist wichtig, die Unterschiede zwischen Aktivist*innen weltweit zu sehen und zu respektieren, die unterschiedlichen Bedingungen des Aktivismus anzuerkennen und sich gleichzeitig von der gemeinsamen Vision einer herrschaftsfreien und global gerechten Welt leiten zu lassen. In der Broschüre „Diversity on Common Ground"[5] heißt es dazu: „Wenn wir unsere eigenen Träume in den Träumen der anderen erkennen, wird uns klar, dass die Distanz zwischen uns kleiner ist, als wir denken." Doch damit Zusammenkämpfen wirklich funktioniert, müssen wir uns auch mit den Spuren, die der Kolonialismus in uns hinterlassen hat, auseinandersetzen. Das Denken zu dekolonisieren bedeutet, koloniale Mentalitäten, die verinnerlicht wurden und die sich als vermeintliche Überlegenheit westlicher Kultur, Werte und Verhaltensweisen ausdrücken, zu verlernen und zurückzudrängen. Letztendlich geht es darum, dass wir uns für einen mitunter auch schwierigen und schmerzhaften (Ver-)Lernprozess öffnen, um Perspektiven zu schaffen für ein gemeinsames Kämpfen: nicht für andere, sondern mit anderen, und über Grenzen hinweg für eine globale Transformation.

---

4 Combahee River Collective (1977): Combahee River Collective Statement, blackpast.org/african-american-history/combahee-river-collective-statement-1977

5 Franza Drechsel und Caroline Kim (Hrsg.) (2020): Diversity on Common Ground. Ten Perspectives on Contemporary Feminism, rosalux.de/en/publication/id/41713/diversity-on-common-ground

Zum Weiterstöbern

- Ashish Kothari, Ariel Salleh, Arturo Escobar, Federico Demaria und Alberto Acosta (Hrsg.) (2019): *Pluriverse. A Post-Development Dictionary*. Tulika & Authors Upfront, ehu.eus/documents/6902252/12061123/Ashish+Kothari+et+al-Pluriverse+A+Post-Development+Dictionary-2019.pdf
- BUKO (2003): *Radikal global. Bausteine für eine internationalistische Linke*. Assoziation A.
- Erik Olin Wright (2019): *Linker Antikapitalismus im 21. Jahrhundert. Was es bedeutet, demokratischer Sozialist zu sein*. VSA.
- Kimberly Crenshaw (1991): *Mapping the Margins: Intersectionality, Identity Politics, and Violence Against Women of Color*. In: Stanford Law Review, 43 (6), S. 1241-1299, blogs.law.columbia.edu/critique1313/files/2020/02/1229039.pdf
- Leah Thomas (2022): *The Intersectional Environmentalist. How to Dismantle Systems of Oppression to Protect People + Planet*. Voracious.
- Vishwas Satgar (Hrsg.) (2018): *The Climate Crisis. South African and Global Democratic Eco-Socialist Alternatives*. Wits University Press.

SYSTEMISCH DENKEN STATT SCHEUKLAPPENBLICK

Transformativ handeln bedeutet, nicht nur die Symptome, sondern Ursachen von Krisen zu bekämpfen. Wir erklären das beispielhaft an der Klimapolitik: Symptombekämpfung sieht beispielsweise den CO_2-Ausstoß von Autos als Problem fürs Klima und schlägt als Lösung vor, den Verbrenner gegen einen Elektromotor auszutauschen. Doch dadurch entstehen unbeabsichtigte Nebenfolgen: Der positive Klimaeffekt wird geschmälert, indem beispielsweise E-Autos häufiger genutzt werden, gerade weil sie vermeintlich umweltfreundlicher sind. Das passiert auch, wenn E-Autos als Zweit- oder Drittwagen zusätzlich angeschafft werden. Und auch wenn alle Autos mit Verbrenner durch E-Autos ersetzt würden, bliebe der Ressourcenverbrauch enorm hoch. So führt beispielsweise die hohe Nachfrage nach Rohstoffen für die Batterien der E-Autos zu mehr Umweltzerstörung und Konflikten im Globalen Süden. Ein systemischer Ansatz hingegen fragt nach tieferliegenden Ursachen und den Zusammenhängen von Herrschaftssystemen.

Beginnen wir also mit dem Kapitalismus. Nehmen wir den kapitalistischen Wachstumszwang als Ursache der Klimakrise in den Blick, dann zeigt sich, dass die Klimakrise nicht nur ein Problem eines Zuviels an CO_2 oder veralteter Technologien ist. Klassengesellschaft, soziale Ungleichheit und Ausbeutung sind eng damit verbunden. Weltweit müssen Arbeiter*innen und nicht-menschliche Natur ausgebeutet werden, um Profit zu erwirtschaften. Eine Grundbedingung für den Kapitalismus ist das Patriarchat. Damit Arbeiter*innen überhaupt körperlich und mental fit sind, um zur Arbeit zu gehen, muss irgendwer Sorge-Arbeiten leisten, wie Kochen, Putzen und Gesundpflegen. Im Patriarchat müssen mehrheitlich Frauen* diese nicht oder schlecht entlohnten Arbeiten übernehmen. Wenn wir über den Tellerrand der Symptombehandlung blicken, wird auch sichtbar, dass die Klimakrise mit (Neo-)Kolonialismus zusammenhängt. Der ressourcenintensive Kapitalismus konnte sich nur so rasant ausbreiten, weil Europäer*innen sich mittels Gewaltherrschaft in kolonisierten Gebieten Ressourcen angeeignet, Menschen als billige Arbeitskraft versklavt und existierende lokale Märkte und Handelsbeziehungen zerstört haben. Die Unterdrücker aus Europa schufen rassistische Ideologien, um die Menschen aus den kolonisierten Gebieten systematisch abzuwerten und so die Gewalt und die kapitalistische Ausbeutung zu rechtfertigen. Auch wenn formal die Zeit der Kolonialreiche vorbei ist, bestehen koloniale Beziehungen in veränderter Form fort. Sie zeigen sich etwa darin, dass große Konzerne aus dem Globalen Norden die Ressourcen in Ländern des Globalen Südens ausbeuten oder dass Institutionen wie die Weltbank, Internationaler Währungsfond oder Welthandelsorganisation Staaten des Südens in Abhängigkeit drängen.

Was wir hier beispielhaft an der Klimakrise verdeutlicht haben, gilt auch für andere Krisenerscheinungen: Haben wir die systemischen Zusammenhänge vor Augen, ist es leichter Hebelpunkte für transformative Forderungen zu identifizieren (→ Bausteine: **REALPOLITIK REVOLUTIONÄR GESTALTEN** und **KÄMPFE VERBINDEN**) und intersektional zu handeln (→ Baustein: **INTERSEKTIONAL HANDELN**).

Beispiel: WoMin - Gegen Bergbau, Patriarchat und Kapitalismus

Women Against Mining (WoMin) ist ein afrikaweites ökofeministisches Bündnis, das sich gegen zerstörerische Bergbau- und Energieprojekte und destruktive Entwicklungsmodelle wehrt. In ihrer Analyse und in ihrem Vorgehen haben die Aktivistinnen* von WoMin einen systemischen Blick. Sie verknüpfen den Schutz der Umwelt und der von Megaprojekten betroffenen Gemeinschaften mit feministischen Anliegen, Kapitalismuskritik und dekolonialen Bestrebungen. WoMin kritisiert den Expansions- und Ausbeutungscharakter des globalen Kapitalismus, dessen Ressourcenhunger immer größer wird. WoMin verknüpft dies mit einer Kritik an der neokolonialen Arbeitsteilung, die afrikanische Länder zu Rohstofflagern herabstuft. Außerdem kritisieren sie eine patriarchale Arbeitsteilung, in der Frauen sich um die häusliche Nahrungsmittel-, Wasser- und Energieversorgung kümmern müssen und somit besonders mit deren Beeinträchtigungen durch Klimakrise und Umweltzerstörung zu kämpfen haben. In der Praxis unterstützt WoMin die Organisierung von Frauen gegen Megaprojekte, wie etwa den Ausbau des Inga-Staudamms im Kongo oder den Neubau eines Kohlekraftwerks in Sendou an der senegalesischen Küste. Ihr systemischer Aktivismus zielt nicht nur darauf ab, einzelne Megaprojekte zu verhindern oder diese sozial- und umweltverträglicher zu gestalten, sondern systemische Alternativen jenseits von Kapitalismus, Patriarchat und Neokolonialismus zu verwirklichen. Das bedeutet, konkret an den Orten der Zerstörung eine gerechte, demokratische und ökologische Energieversorgung aufzubauen und die afrikaweite Vernetzung von Bewegungen und Organisationen für Klimagerechtigkeit voranzubringen.

► Women Against Mining (WoMin): womin.africa

Übung: Systemkarten

Einleitung

Die folgende **analytische Gruppenübung** hilft euch, systemische Zusammenhänge zu erfassen. Beim *Systems Mapping*, also der Entwicklung von Systemkarten, werden die Elemente des Systems, das ihr verändern wollt, identifiziert. Außerdem kommen die Beziehungen zwischen den Elementen und Hebelpunkte für systemische Veränderungen in den Blick.

Ablauf

Die Methode besteht aus sechs Schritten:

1. Identifiziert das System (10 Minuten)

Macht euch klar, welches Problem ihr angehen wollt, und benennt ein **System**, das dahintersteckt. Ihr arbeitet zur Ausgrenzung von queeren Personen in ärztlichen Praxen? Das System dahinter lässt sich beispielsweise als „patriarchales Gesundheitssystem" benennen. Wenn ihr in wohnungspolitischen Kämpfen aktiv seid, könnte euer System beispielsweise „profitorientierter Wohnungsmarkt" lauten. Ihr seid aktiv zur Situation von migrantischen Saisonarbeiter*innen? Das System dahinter lässt sich als „rassistisches Arbeitsregime" benennen. Ihr könntet sicherlich verschiedene Systeme identifizieren. Auch wie breit oder eng ihr das System fasst, entscheidet ihr. Wir empfehlen, das System möglichst eng zu fassen („patriarchales Gesundheitssystem" statt „Patriarchat"). Entscheidet euch gemeinsam für ein System und schreibt es groß in die Mitte des Papiers.

Ca. 90 Minuten

2-8 Personen, bei größeren Gruppen empfiehlt es sich, an mehreren Systemkarten zu arbeiten und diese im Anschluss gemeinsam zu besprechen

Ein sehr großer Papierbogen (zum Beispiel zwei Flipchart-Papiere aneinandergeklebt)

Mehrere Stifte, am besten in 4 Farben

Eventuell Moderationskarten oder Klebezettel in zwei Farben

2. Ideastorming (20 Minuten)

Fragt euch nun: Welche Elemente stabilisieren das System, das wir identifiziert haben? Sammelt in Bezug auf euer Themenfeld diese **stabilisierenden Elemente**. Elemente können ganz unterschiedlicher Art sein: Organisationen (etwa ein Wohnungskonzern), Institutionen (etwa eine Behörde), Individuen (etwa ein*e Politiker*in), Diskurse (etwa von Sorgearbeit als sogenannter ‚Frauenarbeit'), Praktiken (etwa Racial Profiling), Infrastrukturen (etwa Parks, Straßen, Wohnflächen), Technologien (etwa Überwachungsdatenbanken), Algorithmen (etwa zur Gesichtserkennung) und nicht-menschliche Akteure (etwa geschützte Tierarten). Schreibt alle Elemente auf, die euch in den Sinn kommen. Es gibt an dieser Stelle kein richtig oder falsch. Natürlich werden Dinge fehlen, keine Systemkarte wird jemals komplett sein. Das ist ok. Schreibt alle Elemente, die euch in den Sinn kommen, rund um euer System auf das Papier. Wenn ihr Moderationskarten oder Klebezettel habt, schreibt die einzelnen Elemente gern darauf und ordnet sie um das System herum an.

3. Gewichtung (10 Minuten)

Schaut euch die Elemente eures Systems an und diskutiert, welche ihr für **besonders relevant** haltet für die Stabilisierung des Systems. Umrandet diese Elemente mit einem farbigen Stift. Wenn ihr mit Moderationskarten oder Klebezetteln arbeitet, ordnet diese Elemente näher an dem System an als die anderen Karten.

Nehmt euch 5 Minuten Zeit zum Durchschütteln und Durchatmen.

4. Systemische Zusammenhänge (15 Minuten)

Diskutiert dann, wie die verschiedenen Elemente zusammenhängen. Konzentriert euch vor allem auf die besonders relevanten Elemente. Zeichnet **Verbindungslinien** zwischen den verschiedenen Elementen ein, die sich gegenseitig beeinflussen. Wenn ein Element ein anderes verstärkt, verbindet beide Elemente mit einem Pfeil und markiert diesen Pfeile mit einem Plus-Zeichen (+). Wenn ein Element ein anderes schwächt, verbindet die Elemente mit einem Pfeil und markiert diesen mit einem Minus-Zeichen (-). Alternativ könnt ihr auch unterschiedliche Farben für die verstärkenden oder schwächenden Pfeile nutzen.

5. Hebelpunkte (15 Minuten)

Hebelpunkte sind diejenigen Stellen im System, an denen kleine Veränderungen große Effekte auf das gesamte System haben können. Diskutiert, an welchen Stellen diese **Hebel-**

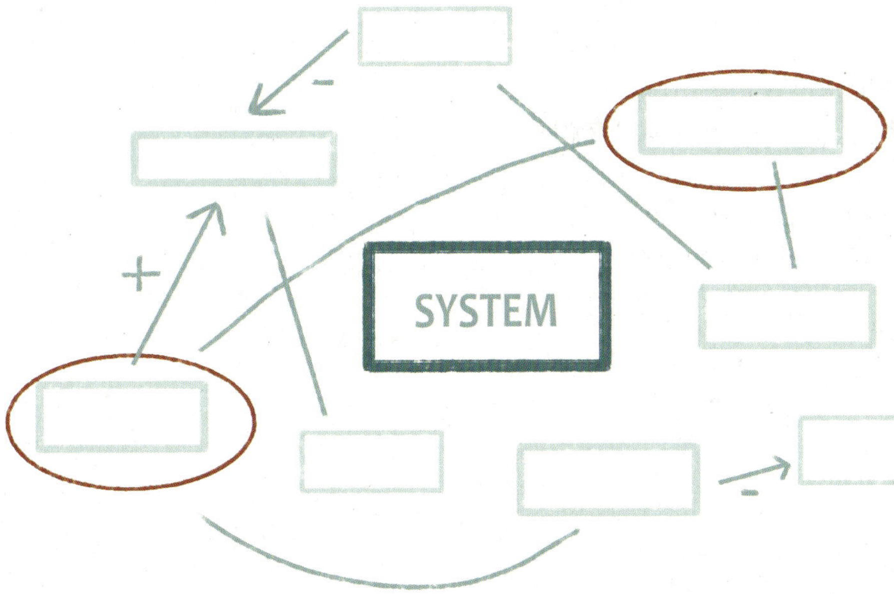

punkte in eurem System sind. Schreibt die Hebelpunkte in einer neuen Farbe an die Stellen, wo sie wirken können. Wenn ihr mit Karten oder Zetteln arbeitet, könnt ihr auch die Hebelpunkte auf andersfarbige Karten/Zettel schreiben und an die entsprechende Stelle legen.

6. Erntezeit (15 Minuten)

Tretet einen Schritt zurück und schaut euch eure Systemkarte an. Sie wird vermutlich sehr voll sein und chaotisch aussehen. Systeme sind chaotisch. Haltet noch einmal gemeinsam fest, wo die Hebelpunkte im System liegen. Was nehmt ihr daraus mit? Wie fühlt ihr euch nach der Systemkartierung? Was kam in den Blick, was ihr sonst vielleicht übersehen hättet? Was fehlt noch? Wie können diese Erkenntnisse in eure **Strategie- und Aktionsplanung** einfließen? Denkt daran, ein Bild von eurer System-Karte zu machen und gemeinsame Erkenntnisse festzuhalten.

Hinweis

Um zu diskutieren, wie ihr eure identifizierten Hebel bedienen könnt, könnt ihr an diese Übung gut mit den Übungen *Pillars of Power* und *Points of Intervention* anknüpfen (→ Baustein: **KÄMPFEN STATT APPELLIEREN**).

Quelle der Übung

Systemkartierungen unterschiedlicher Art sind geläufige Übungen bei systemischen Ansätzen. Eine ähnliche, aber ausführlichere Form findet ihr beispielsweise im unten verlinkten „Systems Thinking Workbook" von *Smart CSOs* auf den Seiten 12 bis 17.

Zum Weiterstöbern

- Donella Meadows (2008): *Thinking in Systems*. earthscan.
- Smart CSOs (2018): *Systems Thinking Workbook*, smart-csos.org/publications/216-systems-thinking-workbook
- Systemic Alternatives: systemicalternatives.org

BAUSTEIN

INTERSEKTIONAL HANDELN

Intersektionalität ist ein wichtiges Analyse- und Reflexionskonzept, an dem sich aktivistische Gruppen, die transformativ wirken wollen, orientieren können (⟶ Kapitel: **TRANSFORMATION HEISST SYSTEM CHANGE**). Warum? Intersektionalität rückt in den Blick, wie unterschiedliche Formen von Macht, Unterdrückung und Privilegien entstehen und zusammenwirken. Beispielsweise gestaltet sich die Wohnungssuche schwierig, wenn neben niedrigem Einkommen der eigene Name nicht Meier oder Müller ist. Rassismus und Klassismus wirken so auf dem Wohnungsmarkt zusammen. Dies führt dazu, dass Menschen, die solche Mehrfachdiskriminierungen erfahren, häufig in beengten Wohnverhältnissen und in Gegenden mit hoher Lärm- und Feinstaubbelastung leben.

Mit einer intersektionalen Brille wird sichtbar, auf welche Weise uns und unsere Gesellschaft rassistische, antisemitische, klassistische, sexistische, heteronormative, ableistische und andere Herrschaftsverhältnisse durchziehen, sich überlagern und miteinander verwirren. In Anlehnung an die feministische Marxistin Frigga Haug sprechen wir hier auch von einem „Herrschaftsknoten".[6] Dabei sind mehrere Fäden, die Herrschaftsverhältnisse symbolisieren, ineinander verknotet. Wie bei einem Knäuel kommt es darauf an, nicht nur an einem Faden zu ziehen und so den Knoten unter Umständen noch fester zuzuziehen. Wenn beispielsweise nur an einem Strang gezogen wird und Betriebsräte im Arbeitskampf Arbeitszeitverkürzung oder Lohnerhöhungen für die Stammbelegschaft fordern, verschärft sich der Druck auf die oftmals rassistisch abgewerteten und kapitalistisch ausgebeuteten Leiharbeiter*innen. Andererseits verschärft sich die Situation, wenn allein die Situation der Leiharbeiter*innen verbessert wird, indem sie beispielsweise mehr Stunden im Betrieb angestellt werden. Denn das führt oftmals dazu, dass die Stammbelegschaft ihre Arbeit und jahrelange Erfahrung als entwertet wahrnimmt. Gleichzeitig erhöht sich der Druck auf Frauen*, die in vielen Fällen einen noch größeren Teil der unbezahlten Sorgearbeit im Haushalt übernehmen müssen. Die kapitalistische Herrschaftsstrategie von Spalten der Beherrschten, Konkurrenzaufbau und Ausbeutung geht auf und der Herrschaftsknoten verstärkt sich.

Wenn wir davon sprechen, den Herrschaftsknoten aufzulösen, geht es nicht darum, verschiedene Identitäten, gesellschaftliche Positionierungen oder Differenzierungen, durch die wir von unterschiedlichen, sich verstärkenden Herrschaftsverhältnissen betroffen sind, fein säuberlich voneinander zu trennen. Vielmehr geht es darum, anzuerkennen, dass wir diese verworrenen Herrschaftsverhältnisse nur gemeinsam auflösen können. Wie Frigga

6 Frigga Haug (2013): Herrschaft als Knoten denken, zeitschrift-luxemburg.de/artikel/herrschaft-als-knoten-denken/

Haug es formuliert: „Die Lösung des Herrschaftsknotens ist daher nicht nur eine unerhört langfristige und komplizierte Arbeit. Sie kann nur in allen Bereichen zugleich begonnen werden und braucht die Kraft und die Zeit der Vielen."

Die Rechtsprofessorin Mari Matsuda beschreibt, dass es darum geht, „die andere Frage zu stellen: Wenn ich etwas sehe, das rassistisch aussieht, frage ich: Wo ist das Patriarchat darin? Wenn ich etwas sehe, das sexistisch aussieht, frage ich: Wo ist der Heterosexismus darin? Wenn ich etwas sehe, das homophob aussieht, frage ich: Wo sind die Klasseninteressen?"[7] Eine intersektionale Brille muss schon bei der Problemanalyse aufgesetzt werden. Denn die Unterdrückungsmuster, welche durch eine intersektionale Perspektive in den Blick kommen, durchdringen alle Bereiche, in denen soziale Bewegungen sich für Gerechtigkeit einsetzen – sie durchdringen auch Bewegungen selbst. Eine intersektionale Analyse verdeutlicht auch die Bedeutung solidarischer Beziehungen innerhalb von Bewegungen und zu anderen Kämpfen, Gruppen und Bewegungen. Der Herrschaftsknoten lässt sich nur auflösen, wenn wir miteinbeziehen, wie Privilegien und Benachteiligungen zusammenspielen (→ Baustein: **ZU VERBÜNDETEN UND KOMPLIZ*INNEN WERDEN**).

Für uns selbst und die Kontexte, in denen wir aktiv sind, stellen sich daher folgende Fragen: Welche Privilegien und Diskriminierungserfahrungen sind in der eigenen Gruppe vorhanden? Welche Rollen werden von wem eingenommen? Wer ist in unserer Gruppe nicht vertreten? Welche Barrieren existieren, die erschweren, dass andere Menschen sich

7 Mari Matsuda (1991): Beside my sister, facing the enemy: Legal theory out of coalition. In: Stanford Law Review: 43, S. 1183-1192.

beteiligen? Mit einem Blick auf die eigene Gruppe werden Leerstellen sichtbar und eine Auseinandersetzung mit Privilegien und Diskriminierung wird möglich. Sich mit Intersektionalität auseinanderzusetzen, bedeutet, den aktivistischen Alltag der eigenen Gruppe zu reflektieren. Das kostet Zeit, Ressourcen und Energie; es kann schmerzhaft und nervenaufreibend sein, sich mit den eigenen Privilegien und Leerstellen auseinanderzusetzen; es kann zu Konflikten innerhalb der Gruppe führen. Doch innere Veränderungen sind wichtig, um nach außen zu wirken und intersektionale Solidarität tatsächlich zu leben. Das Ziel ist, eine macht- und diskriminierungssensible Praxis zu entwickeln. Dieser Blick nach innen, die Reflexion der eigenen gesellschaftlichen Positionierung und der Gruppenzusammensetzung bildet eine wichtige Voraussetzung, um mit diesem Bewusstsein intersektionale politische Strategien zu entwickeln. Diese Strategien können dann dazu beitragen, Kämpfe zu verbinden und intersektionale Herrschaftsstrukturen zu überwinden.

Beispiel: YFoEE - auf dem Weg zur einer intersektionalen Jugendumweltbewegung

Eine durch intersektionale Perspektiven inspirierte politische Praxis ist bei den *Young Friends of the Earth Europe* (YFoEE) zentral geworden, einem Netzwerk aus jungen, umweltbewegten Aktivist*innen in Europa. Wie viele in der Umweltbewegung des Globalen Nordens kommen die meisten aus bürgerlichen Familien und studieren an einer Uni. Seit 2015 setzen sich die YFoEE-Aktivist*innen mit Intersektionalität auseinander – mit dem Ziel, eine inklusivere Bewegung zu schaffen. Eine Aktivist*in blickt zurück: „Wir wollten die typische Blase privilegierter europäischer Studierender verlassen und mehr darüber lernen, wie wir unsere Privilegien nutzen können [...], da wir verstanden hatten, dass wir nicht die ersten sein würden, die die Konsequenzen des Klimawandels zu tragen haben.“[8] Die Ergebnisse dieses Prozesses flossen in ein Manifest für Gleichheit und Interkulturalität ein. Um das Manifest mit Leben zu füllen, organisierten die Aktivist*innen in den Folgejahren internationale Camps und Multiplikator*innen-Workshops zum Thema Intersektionalität und verfassten ein Toolkit für intersektionale Bewegungsarbeit. Außerdem fanden Workshops in verschiedenen Ländern statt, in denen intersektionale Perspektiven – angepasst an die jeweiligen Länderkontexte – erarbeitet wurden. Im Manifest heißt es, dass Intersektionalität aus zwei Gründen für YFoEE wichtig wurde: „Erstens hilft es zu analysieren, wie Macht- und Herrschaftsverhältnisse Gruppen von Menschen unterschiedlich betreffen, so dass wir deren Mechanismen besser verstehen können. Und zweitens hilft uns Intersektionalität zu sehen, wie unterschliche Kämpfe für Gerechtigkeit verbunden sind und es daher Solidarität zwischen sozialen Bewegungen braucht.“[9]

► Young Friends of the Earth Europe (2018): *Toolkit for Intersectional Movement Building*, youngfoee.eu/resource/toolkit-for-intersectional-movement-building/

8 Živile (2018): Young Friends of the Earth Europe's journey. In: Young Friends of the Earth Europe: Toolkit for Intersectional Movement Building, S. 10.
9 Young Friends of the Earth Europe (2018): Toolkit for Intersectional Movement Building, S. 6.

Übung: Ich/Ich nicht

Einleitung

Die folgende Übung dient der **Reflexion** und dem **Austausch in der Gruppe**. Verschiedene Fragen können ein erster Schritt sein, um in eurer Gruppe über unterschiedliche Betroffenheiten von Macht- und Herrschaftsstrukturen ins Gespräch zu kommen.

Die Methode arbeitet mit persönlichen Fragen. Daher ist es wichtig, in der Gruppe eine Atmosphäre zu schaffen, in der sich alle wohl fühlen. Auch könnt ihr betonen, dass es ausdrücklich erlaubt ist, bei dieser Methode zu lügen, wenn sich Menschen damit wohler fühlen. Der Austausch und die Auseinandersetzung basiert stets auf Freiwilligkeit – keine*r muss etwas sagen! Vermeidet in eine Bewertung oder in einen Vergleich von Erfahrungen zu gehen. Auch wenn wir auf sehr unterschiedliche Weise von Herrschaftsverhältnissen betroffen sind, kann es geteilte Erfahrungen geben.

Teil 1: 30-60 Minuten (je größer die Gruppe/der Austauschbedarf, desto mehr Zeit braucht die Methode)
Optional Teil 2: 60 Minuten

Idealerweise 8-20

Teil 1: 2 gut sichtbare Papierbögen, beschriftet mit „ich" und „ich nicht"
Teil 2: mehrere große Papierbögen (mindestens A3) und Stifte

Ablauf - Teil 1

Hängt die beiden Plakate mit „Ich" und „Ich nicht" auf zwei gegenüberliegenden Seiten eines Raumes auf. Eine Person wird eine Reihe an Fragen vorlesen. Nach den Fragen aus der Liste können Menschen aus der Gruppe noch weitere Fragen ergänzen – sofern die Fragen für alle in der Gruppe ok sind. Stellt euch nach jeder Frage entsprechend eurer Antwort auf die eine oder die andere Seite des Raumes. Verweilt nach jeder Frage einen Moment in dieser Konstellation und nehmt euch Zeit, über die Frage und eure Positionen ins Gespräch zu kommen. Achtet darauf, dass ihr nicht zu viele Fragen sammelt, damit genug Zeit und Aufmerksamkeit für die Nachbesprechung bleibt.

Hier sind mögliche Fragen:

- Wer arbeitet in dem Beruf, den er*sie gelernt hat?
- Wer hat die Staatsangehörigkeit des Landes, in dem er*sie lebt?
- Wer fühlt sich gesellschaftlich diskriminierten Gruppen zugehörig?
- Wer kann seine*ihre berufliche und finanzielle Zukunft für die nächsten fünf Jahre sicher planen?
- Wer hat in dem Haushalt, in dem er*sie aufgewachsen ist, mehr als 50 Bücher?
- Wer fühlt sich manchmal in der Stadt, in der er*sie lebt, unsicher?
- Wer fühlt sich stark von anderen Menschen abhängig, um pünktlich und am Ort eurer Gruppentreffen zu erscheinen?
- (Weitere Fragen aus der Gruppe, die von der Gruppe akzeptiert werden.)

Nachdem ihr mit den Fragen durch seid, nehmt euch die Zeit und Möglichkeit, Erlebnisse und Sorgen zu einzelnen Fragen zu teilen. Hier ein paar Anregungen für den Austausch:

- Wie war es, alleine auf einer Seite zu stehen?
- Wie war es, in einer großen Gruppe auf einer Seite zu stehen?
- Was ist euch besonders aufgefallen? Was hat euch überrascht?
- Haben alle Fragen für euer Leben die gleiche Bedeutung?
- Gibt es weitere Aspekte, die für euer Leben und eure Positionierung in Gesellschaften wichtig sind, die durch die Fragen nicht berührt wurden?
- Warum sind welche Zugehörigkeiten von Bedeutung?
- Gibt es Unterschiede zwischen den subjektiven und den gesellschaftlichen Bewertungen der verschiedenen Zugehörigkeiten?

Hinweis

Besprecht in Ruhe in der Gruppe, ob ihr diese Methode miteinander anwenden wollt und sie für alle stimmig ist. Manchmal kommt es zu Dynamiken, in denen stärker marginalisierte Menschen ihren privilegierteren Mitstreiter*innen die Welt und ihre Machtungleichheiten am Beispiel der eigenen Biographie erläutern (müssen). Das kann eine sehr anstrengende Rolle sein, an deren Ende die Bevorteilten einen Lernzuwachs erfahren und die Benachteiligten vor allem Aufklärungsarbeit geleistet haben. Generell gilt bei der Auseinandersetzung mit Intersektionalität: Alle sollten ihre Hausaufgaben machen und sich nach ihren Möglichkeiten selbst bilden (lest zum Beispiel Bücher, hört Podcasts oder besucht Workshops).

Ablauf - Teil 2

In Teil 1 habt ihr überlegt, welche gesellschaftlichen Zugehörigkeiten, Privilegien und Diskriminierungserfahrungen Menschen in der Gruppe erfahren. Dieser Austausch bietet eine gute Grundlage, um über eure Gruppenzusammensetzung, Barrieren und Herausforderungen ins Gespräch zu kommen. Folgende Fragen können euch helfen, in einen Austausch dazu zu kommen: Welche geteilten Erfahrungen habt ihr trotz eurer individuellen Positionen? Welche gesellschaftlichen Positionierungen und Erfahrungen sind stärker vertreten? Welche sind weniger vertreten oder fehlen? Wie fühlt ihr euch damit? Was wünscht ihr euch? Welche Barrieren gibt es in eurer Gruppe? Für wen ist es schwierig, in der Gruppe zu Wort zu kommen? Wen sprecht ihr an, wen nicht? Wem fehlen welche Ressourcen, um sich bei euch einzubringen oder für wen ist es schwieriger und anstrengender? Wie könnt ihr das ändern? Ihr könnt euch Tee kochen und einfach in ein lockeres Gespräch über diese Fragen kommen. Alternativ könntet ihr auch probieren, über ein anonymes, stilles Schreibgespräch in einen Austausch zu kommen. Schreibt dazu einige der Fragen, die euch besonders interessant erscheinen, auf große Papierbögen und legt Stifte aus. Danach können alle, während einer stillen Phase, ihre Gedanken zu den Fragen aufschreiben oder aufmalen, herumgehen, andere Gedanken lesen, darauf reagieren. Überlegt euch gemeinsam, ob und wie ihr diesen Austausch auswerten wollt. Ihr könnt nächste Schritte vereinbaren, die Übung zu einem anderen Zeitpunkt wiederholen oder auch einfach als Impuls für weitere Strategieüberlegungen und beispielsweise als Grundlage zur Auseinandersetzung mit anderen Bausteinen für sich stehen lassen.

Quelle der Übung

Die Methode „ich/ich nicht" wurde entwickelt von der *Anti-Bias-Werkstatt* und von uns leicht angepasst und findet sich auf dem *Portal Intersektionalität*: portal-intersektionalitaet.de/forum-praxis/methodenpool/intersektionalitaet/2012/ich-nicht-ich/

Zum Weiterstöbern

- Emilia Roig (2021): *Why we matter. Das Ende der Unterdrückung*. Aufbau Verlag.
- Fridays For Future Tübingen (2021): *Überall Klima, Nirgendwo Gerechtigkeit? Zu den verschiedenen Dimensionen der Klimakrise*, fridaysforfuturetuebingen.de/ueberall-klima-nirgendwo-gerechtigkeit/
- Kompetenzstelle intersektionale Pädagogik (I-PÄD): i-paed-berlin.de/
- Intersectional Environmentalist: Dismantel Systems of Oppression in the Environmental Movement, intersectionalenvironmentalist.com/
- Ochy Curiel (2020) im Interview über Intersektionalität, youtu.be/-bmWZF0jH1Q [auf Spanisch]
- Portal Intersektionalität: Forschungsplattform und Praxisforum für Intersektionalität und Interdependenzen, portal-intersektionalitaet.de/startseite

Wie kommt der Wandel in die Welt?

Die Welt ist komplex und wandelt sich unaufhörlich. Doch den Wandel (mit)zugestalten ist häufig schwer. Jeder Masterplan wird scheitern. Doch was bedeutet dieses Wirrwarr für unser Verständnis von Transformation? Wie können wir strategisch handeln? Wie kommt der Wandel in die Welt?

Wir nutzen den Begriff der Transformation, um den Wandel von der imperialen zur solidarischen Lebensweise zu beschreiben (→ Einstieg: **TRANSFORMIEREN IST EIN TU-WORT**). Transformation beinhaltet die radikale, also grundlegende, Umgestaltung der imperialen Lebens- und Produktionsweise und der sie stützenden Institutionen, Wertesysteme und ihres Umgang mit der Natur. Für einen solchen tiefgreifenden Wandel gibt es keinen Masterplan. Auch der Kapitalismus wurde nicht am Reißbrett entworfen. Seit Jeher gibt es Personen und Interessengruppen, die Innovationen und Änderungen in bestimmten Gesellschaftsbereichen anstoßen und durchsetzen. Einige Veränderungen erscheinen reizvoll und attraktiv, andere eher als unumgänglicher Zwang. Wie wir den Wandel wahrnehmen, hängt immer auch von unserer gesellschaftlichen Rolle ab: Wo leben wir? Was arbeiten wir? Wie interpretieren andere unseren Körper oder unsere Herkunft? Viele Auswirkungen des Wandels sind vorher nicht vorherzusehen. Radikaler Wandel vollzieht sich in vielen kleinen Schritten – mitunter auch größeren Brüchen –, die sich nicht alle planen lassen, in der Summe der Transformation aber eine Richtung geben (→ Baustein: **EMERGENTE STRATEGIEN**).

Es gibt auch Modelle von gesellschaftlichem Wandel, die linear argumentieren. Sie wollen uns glauben lassen, dass Transformation sich steuern lässt, zum Beispiel durch gezielten technischen Fortschritt: Wenn wir neue, bessere Technologien entwickeln und diese politisch gefördert werden, kommen wir so oder so zu einer nachhaltigeren Gesellschaft. Das lässt aber viele Aspekte unseres gesellschaftlichen Zusammenlebens außer Acht. Transformation ist vielmehr eine Suchbewegung. Dabei stehen die Vielfalt der möglichen Übergänge, Offenheit, Unplanbarkeit und die Entwicklung des Neuen aus Bestehendem im Fokus.

Gesellschaftlicher Wandel geht zudem immer mit Konflikten einher. Schließlich wollen viele der derzeitigen Profiteur*innen ihre Privilegien nicht aufgeben. Auch die Vorstellungen, was eigentlich eine solidarische, gerechte und lebenswerte Zukunft darstellt, sind unterschiedlich. Wir können außerdem nur selten unseren Idealen frei folgen, da uns Anforderungen von außen oder über Jahrzehnte erlerntes Verhalten zu einem anderen Handeln bewegen, als uns manchmal lieb ist. Sei es die Fernreise, die zwar ökologisch fragwürdig ist, aber „spannende“ Erfahrungen und Erzählungen verspricht, die Vernachlässigung von Sorge- und Beziehungsarbeit, weil wir zu viel Zeit für Lohnarbeit aufbringen müssen oder die Schwierigkeit, sich verletzlich zu zeigen und aus festgefahrenen Rollenbildern auszubrechen. Wenn wir derartige Konflikte ignorieren, riskieren wir ein Scheitern der Transformation, da wir die Beharrungskräfte unterschätzen. Davon auszugehen, dass es Win-Win-Situationen für alle gibt, blendet aus, dass viele, die sich gegen eine Transformation stellen, vor allem materiell, zumindest kurzfristig etwas zu verlieren haben. Es gilt, verschiedene Forderungen für das Gute Leben für alle zu verknüpfen und gleichzeitig gegen die

Profiteur*innen des Status quo zu kämpfen (→ Baustein: **KÄMPFEN STATT APPELLIEREN** und **KÄMPFE VERBINDEN**).

Jedoch sind die Konfliktlinien dabei nicht klar zu erkennen, denn nicht nur politische oder wirtschaftliche Eliten erhalten den Status quo aufrecht. Er ist auch fest in den Rahmenbedingungen verankert, die vielen Menschen der globalen Ober- und Mittelklasse einen relativ komfortablen Alltag auf Kosten anderer ermöglichen (→ Kapitel: **SOLIDARISCHE GEGEN-HEGEMONIE AUFBAUEN**). Materielle Infrastrukturen wie Autobahnen, Kohlekraftwerke oder Pipelines und politische Institutionen, wie Parteien, Freihandelsabkommen oder Gesetze, tragen zu einer Stabilisierung des Status quo bei und erschweren Alternativen. Normalitätsvorstellungen, wie die Erwartung, dass Benzin billig ist und Putzen schlechter bezahlt wird als Büroarbeit, ermöglichen die Ausbeutung. Denn sie beschreiben ein Leben auf Kosten anderer als Vorstellung des Guten Lebens und machen die Ausbeutung in unserem Alltag weniger sichtbar. Es geht darum, die Welt in ihren materiellen, institutionellen und kulturellen Dimensionen umzubauen. Transformative Kämpfe finden daher nicht nur gegen die zerstörerischen Geschäftsmodelle großer Unternehmen statt, sondern auch in unserem Alltag, wenn etablierte Verhaltensmuster hinterfragt und neu eingeübt werden (→ Baustein: **SOLIDARISCHE BEZIEHUNGSWEISEN WEBEN**).

Wie lässt sich in diesem unübersichtlichen Wirrwarr dennoch strategisch handeln? Der Soziologe Erik Olin Wright hebt das Zusammenspiel unterschiedlicher Strategien für eine gelingende Transformation hervor. Ein Zusammenwirken von

- dem Widerstand gegen gegenwärtiges Leid,
- dem Aufbau von Alternativen in Nischen,
- realpolitischen Reformen, die die Lebensrealität für viele direkt verbessern, und
- revolutionären Reformen, die einen grundlegenden gesellschaftlichen Umbau vorantreiben,

können seiner Meinung nach dazu führen, dass der Kapitalismus seinen Halt verliert. Strategien, die nur auf eine große Revolution, also einen abrupten und vollständigen Bruch mit dem alten System bauen, bergen nach Erik Olin Wrights Einschätzung und mit Blick in die Ver-

gangenheit eine größere Gefahr, keine demokratischen und emanzipatorischen Strukturen zu erschaffen.[1] Laut dem Sozialanthropologen Eduardo Gudynas folgten die bisherigen Revolutionen außerdem einem westlich-modernen Verständnis, bei der eine Entwicklungsweise gegen eine andere ausgetauscht wurde. Mit grundlegenden Konzepten der Moderne, zum Beispiel Wirtschaftswachstum, der Ausbeutung der Natur und technologischen Heilserwartungen, brachen bisherige Revolutionen nicht.[2]

Das Zusammenspiel der oben genannten Strategien kann laut Wright dazu führen, dass die derzeit dominanten Formen kapitalistischer Wirtschaftsweisen an Bedeutung verlieren, und nach und nach durch solidarische Alternativen verdrängt werden. Der Druck von unten durch soziale Bewegungen, das Experimentieren und die Entwicklung neuer Ideen sowie eine ermöglichende Politik ergänzen sich gegenseitig. Dies geschieht keineswegs automatisch und linear – Konflikte und Brüche gehören ebenso dazu, denn auch die Gegner*innen schlafen nicht (→ Kapitel: **SOLIDARISCHE GEGEN-HEGEMONIE AUFBAUEN**).

Was bedeutet das nun für unsere Strategien?

- Wir sollten das Zusammenspiel der verschiedenen Akteur*innen analysieren und fördern – auch wenn sie unterschiedliche Meinungen haben, wie Wandel geschehen soll (→ Baustein: **KEINE MUSS ALLEINE** und **KÄMPFE VERBINDEN**).
- Gesellschaftlicher Wandel trifft auf große Beharrungskräfte, und muss deshalb auch gegen starke Interessengruppen und den Staat durchgesetzt werden (→ Baustein: **KÄMPFEN STATT APPELLIEREN**).
- Den Staat allerdings nur als Feind und nicht ebenfalls als einen Schauplatz im Ringen um gesellschaftlichen Wandel zu sehen, würde einen zentralen Hebel von Transformation ignorieren (→ Kapitel: **GEGEN-HEGEMONIE UND STAAT**).
- Eine andere Welt muss vorstellbar und machbar erscheinen – dies kann durch Nischenprojekte geschehen, muss aber auch Ideen für größere Gesellschaftsstrukturen umfassen (→ Baustein: **REALPOLITIK REVOLUTIONÄR GESTALTEN**).

Da die Transformation nicht am Reißbrett planbar ist, müssen transformative Strategien dynamisch sein und durch kontinuierliche Reflexion an sich ändernde Bedingungen angepasst werden. Dadurch lässt sich die Entwicklung einer Strategie auch als Lernprozess beschreiben. Mensch lernt, die Umgebung besser wahrzunehmen, Prozesse und Muster zu verstehen und kann dadurch selbst immer gezielter das eigene Handeln ausrichten (→ Baustein: **MIT EMERGENTEN STRATEGIEN FLEXIBEL BLEIBEN**).

Zum Weiterstöbern

- Erik Olin Wright (2017): *Reale Utopien. Wege aus dem Kapitalismus.* Suhrkamp.
- Felix (2019): *Über den Kapitalismus hinaus transformieren? Gesellschaftlicher Umbau jenseits von Reform und Revolution.* In: IL Debattenblog, blog.interventionistische-linke.org/transformationsstrategien/ueber-den-kapitalismus-hinaus-transformieren
- I.L.A. Kollektiv (2019): *Das Gute Leben für Alle. Wege in die solidarische Lebensweise.* Oekom.
- Michalina Golinczak und Julian Genten (2019): *Alles andere ist Quark. Thesen gegen die Transformation.* In: IL Debattenblog, blog.interventionistische-linke.org/transformationsstrategien/alles-andere-ist-quark

10 Erik Olin Wright (2019): Linker Antikapitalismus im 21. Jahrhundert. Was es bedeutet, demokratischer Sozialist zu sein. VSA.

11 Eduardo Gudynas (2019): Revolution. In: Ashish Kothari, Ariel Salleh, Arturo Escobar, Federico Demaria und Alberto Acosta (Hrsg.): Pluriverse. A Post-Development Dictionary. Tulika & Authors Upfront, S. 293-296.

KÄMPFEN STATT APPELLIEREN

„Die da oben müssten mal…", „Jede*r muss bei sich selbst anfangen…", „Wir brauchen klare und verlässliche Vorgaben…" – wer kennt sie nicht, all die Forderungen und Appelle, in denen jede*r mit dem Finger auf irgendwen anders zeigt. Ohne Zweifel: Forderungen an die Politik zu richten, ist wichtig, nur alleine nicht ausreichend. Forderungen müssen gegen Beharrungskräfte durchgesetzt werden. In vielen Fällen müssen die Säulen, die die Macht der Herrschenden tragen, ins Wanken gebracht und abgerissen werden, um wirkliche Veränderung und Transformation ermöglichen zu können. Um dieses Bild greifbarer zu machen, können wir für unsere Strategiearbeit überlegen, wie wir die schon angesprochenen Säulen, die die imperialen Lebensweise stützen, angreifen können: nämlich Alltagsvorstellungen, materielle Infrastrukturen und auch Institutionen (diese stützenden Säulen der imperialen Lebensweise werden genauer erklärt in → Kapitel: **SOLIDARISCHE GEGEN-HEGEMONIE AUFBAUEN**).

Ein zentraler Unterschied zwischen Appellen und Kämpfen liegt in der Antwort auf die Frage, wie der Wandel in die Welt kommt. Appelle bauen darauf, dass Politiker*innen und andere Entscheidungsträger*innen ein Problem erkennen und Lösungen umsetzen. Meist scheitert dies jedoch an den Machtansprüchen, Gewohnheiten und Entscheidungszwängen der Entscheidungsträger*innen. Kämpfe hingegen versuchen, Machtverhältnisse zu verändern und vorher Undenkbares oder Unmögliches denkbar und möglich zu machen. Genau dafür sind soziale Bewegungen da, sie können Machtverhältnisse verschieben, den Druck auf Entscheidungsträger*innen erhöhen und politische Veränderungen selber einleiten. Denn entgegen der verbreiteten Vorstellung fließt Macht nicht (nur) von oben nach unten. Die Herrschenden müssen sich auf die Zustimmung der Beherrschten stützen, um ihre Herrschaft zu sichern. Niemand ist daher komplett machtlos. Soziale Bewegungen können Herrschaft infrage stellen, indem Menschen sich zusammenschließen, für gleiche politische Ziele kämpfen und so Macht von unten aufbauen (→ Kapitel: **SOLIDARISCHE GEGEN-HEGEMONIE AUFBAUEN**).

Das Terrain, auf dem diese Kämpfe stattfinden, ist weit. Mit Demonstrationen, Blockaden, Besetzungen oder anderen Formen des Protestes können soziale Bewegungen ganz direkt den Politikalltag stören, reibungslose gesellschaftliche Abläufe unterbrechen und so Probleme sichtbar machen und Themen auf die politische Agenda setzen. Ebenso kann es beim Aufbau von Alternativen, in denen Utopien greifbar werden, zu Kämpfen kommen, wenn diese beispielsweise gegen Repressionen verteidigt werden müssen. Auch vor Gericht, in

Gewerkschaften oder Parlamenten können politische Kämpfe ausgetragen werden. Nicht zuletzt kann auch der Kampf um neue Beziehungsweisen einen Kampf für politische Veränderungen darstellen (→ Baustein: **SOLIDARISCHE BEZIEHUNGSWEISEN WEBEN**). All diese Aktionen vereint, dass sie nicht (allein) auf Einsicht setzen, sondern selbst und direkt Handlungsspielräume erweitern wollen.

Machtverhältnisse zu hinterfragen und zu verändern, stößt immer auf Gegenwehr. Die Beharrungskräfte sind vielschichtig und können kultureller, materieller oder institutioneller Art sein. Kämpfen bedeutet daher, Strategien zu entwickeln, um Beharrungskräften entgegenzutreten. Dabei ist es wichtig, anzuerkennen, dass es viel Zeit- und Energieressourcen braucht, sich diesen Beharrungskräften zu stellen. Auch lässt die – anfangs noch leichter zu erreichende – öffentliche Aufmerksamkeit mit der Zeit nach. Immer ähnlich verlaufende Demonstrationen zu dem gleichen Thema stellen irgendwann keine Überraschung oder Neuerung mehr da. Stattdessen tritt ein Normalisierungseffekt ein und die Gegenseite formiert sich. Dann stellt sich die Frage, welche neuartigen Protestformen es braucht, und ob (und wie) eine Massenmobilisierung möglich ist, damit der politische Druck aufrechterhalten bleibt. Braucht es noch eine Demo oder braucht es mehr zivilen Ungehorsam? Ist friedliche Sabotage ein geeignetes Mittel oder nicht? Die Debatten innerhalb von Bewegungen werden dann heftig geführt. Während die einen mehr Konfrontation wollen und Eskalationsstrategien verfolgen, sind andere skeptisch, ob darunter die gesellschaftliche Anschlussfähigkeit der Bewegung leidet (→ Kapitel: **TRANSFORMATION DURCH ESKALATION?**). Doch klar ist, dass Bewegungen kämpferisch werden und bleiben müssen und meist auf eine Vielzahl von Taktiken angewiesen sind, um den Druck zu erhöhen und den politischen Stillstand zu überwinden.

Widerstand zu leisten kann Spaß machen und bestärkend wirken, doch kann er auch mit physischer Gewalt oder Diskriminierung einhergehen und bei Verurteilungen, dauerhaften Verletzungen oder psychischen Beeinträchtigungen Zukunftsperspektiven beschränken. Die Möglichkeit, solche physische Gewalt und Diskriminierung auszuhalten, sind individuell sehr unterschiedlich und hängen häufig mit unterschiedlich verteilten Privilegien zusammen. Beispielsweise können Konflikte mit der Polizei bei Menschen, die aufgrund von Rassismus oder anderen Formen struktureller Gewalt häufiger und stärker von der Polizei diskriminiert werden, problematischer sein als für privilegiertere Menschen. Verschiedene Aktionsformen sind daher mitunter unterschiedlich inklusiv (→ Baustein: **SICH NICHT SPALTEN LASSEN**).

Immer wieder diskutieren wir, die Autor*innen, die Frage, ob der Kampfbegriff auch für die öffentliche Kommunikation verwendet werden sollte. Denn wir machen oft die Erfahrung, dass er einigen als zu gewaltvoll aufstößt. Von Kämpfen zu sprechen, macht jedoch sichtbar, wie gewaltvoll der Alltag für viele Menschen gegenwärtig ist und mit was für gewaltvollen Strukturen und Widerständen transformative Bewegungen zu kämpfen haben (→ Baustein: **DIE GEWALT DER VERHÄLTNISSE ENTLARVEN**). Darüber hinaus zeigt der Kampfbegriff, dass wir nicht allein auf Einsicht aufgrund von guten Argumenten vertrauen können, sondern aktiv Machtverhältnisse verschieben müssen. Auch verweist der Kampfbegriff auf die Entbehrungen, die viele Protestierende auf sich nehmen. Nichtsdestotrotz kann es in manchen Situationen strategisch sinnvoll sein, den Begriff zu umschreiben und beispielsweise von Protest, Streit, Gegenwehr oder Engagement zu sprechen.

Beispiel: Bäuerliche Camps und Straßensperren gegen Agrarreform in Indien

Die indische Regierung musste im Jahr 2021 eine geplante Agrarreform zurücknehmen, da die dortige Bäuer*innenbewegung den Angriff auf ihre Lebensgrundlagen massiv bekämpfte. Geplant war unter anderem, die staatlich garantierten Mindestpreise für landwirtschaftliche Produkte aufzuheben und den Agrarmarkt für private Investor*innen zu öffnen und ihnen den Zugang zu Land zu erleichtern. Viele Landwirt*innen bangten um ihre schon jetzt bedrohte Existenz aufgrund sinkender Preise. Auch wurde befürchtet, dass Konzerne Stück für Stück große Mengen an Agrarflächen aufkaufen würden und sich damit die Situation für Kleinbäuer*innen deutlich verschlechtern würde. Begonnen hatten die Proteste vor allem in den nordindischen Staaten Punjab, Haryana, Uttar Pradesh und Rajasthan. Sie verlagerten sich aber schnell in die Hauptstadt Neu-Delhi. Die bäuerlichen Proteste forderten die Rücknahme der Agrarreform. Da sich nichts tat, gingen sie zum friedlichen Widerstand über. Über ein Jahr hinweg blockierten teilweise viele tausend Protestierende Straßen in Neu-Delhi und Grenzübergänge. Es gab Massenproteste mit mehreren hunderttausend Teilnehmenden. Traktoren reihten sich in langen Schlangen auf und unzählige öffentliche Küchen auf der Straße sorgten für die Versorgung. Zur Unterstützung der Proteste wurde ein Generalstreik ausgerufen, an dem sich nach Angaben der Organisator*innen rund 250 Millionen Menschen beteiligten.

Über 700 Menschen starben nach Angaben der Bauernorganisationen während der Proteste, vorwiegend aufgrund von Kälte und Hitze. Einige Bäuer*innen begingen Suizid und stellten diesen in den Kontext der Proteste. Getragen und organisiert wurde der Protest von Dutzenden landwirtschaftlichen Gewerkschaften, die sich im Verband *Samyukta Kisan Morcha* zusammenschlossen. Die Polizei reagierte unter anderem mit Wasserwerfern, Tränengas, dem Bau von Barrikaden und der Abschaltung des mobilen Internets auf die Proteste. Als die Regierung versuchte, das Vorgehen der Polizei zu rechtfertigen und die Protestierenden als von Pakistan gesteuerte Terroristen abzuwerten, brach ein internationaler Proteststurm auf Twitter aus. In der Folge mäßigte die Regierung ihre Propaganda. Am Ende musste sich die regierende hindu-nationalistische Partei *Bharatiya Janata Party* (BJP) öffentlich entschuldigen und die geplanten Reformen vollständig zurücknehmen. *Samyukta Kisan Morcha* erklärte das Ende der Proteste.

Im Anschluss wurden die Protestierenden vielerorts für ihren ausdauernden, erfolgreichen Kampf gefeiert. Gleichzeitig gibt es aber auch Kritik an den Protesten, die vor allem von vergleichsweise wohlhabenden Bauern aus dem konservativen Milieu getragen wurden. Kritik äußerte beispielsweise die Nichtregierungsorganisation *Afkar India*, die sich vor allem für Belange marginalisierter Bevölkerungsgruppen einsetzt. Anders als in vorherigen Protestbewegungen – beispielsweise gegen ein Staatsbürgerschaftsgesetz, das vor allem Muslime massiv diskriminiert – waren Muslime, Frauen und Dalits in der Führung der Proteste kaum oder gar nicht präsent. Die Dalits werden aufgrund ihrer Kastenzugehörigkeit immer noch diskriminiert. Kritisiert wird trotz der großen Erfolge auch, dass arme und landlose Bäuer*innen, und damit oft Frauen, wenig von den bisherigen Erfolgen profitieren. Während die Hauptforderung der Proteste durch hartnäckige Proteste erkämpft werden konnte, zeigt sich gleichzeitig, wie wichtig es für eine soziale-ökologische Transformation hin zum Guten Leben *für alle* ist, systemisch die Problemursachen anzugehen (→ Baustein: **SYSTEMISCH DENKEN STATT SCHEUKLAPPENBLICK**) und mehrfache, sich überlappende Herrschaftsverhältnisse anzuprangern (→ Baustein: **INTERSEKTIONAL HANDELN**).

- Pallav Das (2021): *Indian farmers prevail: A conversation with Kavitha Kuruganti, a farmers' rights activist.* In: Radical Ecological Democracy, radicalecologicaldemocracy.org/indian-farmers-prevail-a-conversation-with-kavitha-kuruganti-a-farmers-rights-activist/
- Vishal Singh Deo, Rahul Maganti und Catharina Hänsel (2021): *Triumphale Rückkehr. In Indien haben Bauern nach einem Jahr Protest ein Landwirtschaftsgesetz verhindert.* In: Jungle World, jungle.world/artikel/2021/50/triumphale-rueckkehr

Übung: Pillars of Power und Points of Intervention

Einleitung

Die Übung besteht aus zwei **analytischen Gruppenübungen**, die ihr auch einzeln nutzen könnt. Die Übung *Säulen der Macht* (auf Englisch: Pillars of Power) im ersten Teil hilft, strategisch sinnvolle Ansatzpunkte für eure Kämpfe herauszuarbeiten. Daran anknüpfend identifiziert ihr im zweiten Teil mit der Methode der *Interventionspunkte* (auf Englisch: Points of Intervention) konkrete Angriffspunkte für eure Kämpfe und entwickelt Ideen für mögliche Aktionen. Die erste Methode liefert breitere Erkenntnisse als die zweite, welche stärker auf konkrete Aktionen abzielt.

Ablauf - Teil 1: Pillars of Power

1. Vorbereitung (10 Minuten)

Zeichnet auf einen großen Papierbogen zunächst ein großes dreieckiges Dach. In das Dach schreibt ihr das Problem oder das System, das ihr ändern wollt (zum Beispiel „Das Mobilitätssystem dreht sich zu sehr ums Auto"). Unter das Dach zeichnet ihr drei breite Säulen, in die ihr Folgendes schreibt: „Alltagspraktiken, Wissen und Wünsche", „materielle Infrastrukturen" und „Institutionen" (→ Kapitel: **SOLIDARISCHE GEGEN-HEGEMONIE AUFBAUEN**). Das sind die Säulen der Macht.

Teil 1: ca. 60 Minuten
Teil 2: ca. 90 Minuten

6-12, bei größeren Gruppen in Kleingruppen aufteilen

Teil 1: 1 großer Papierbogen
Teil 2: 6 große Papierbögen, Stifte unterschiedlicher Farbe

2. Die Säulen identifizieren (25 Minuten)

Unter jede dieser Säulen könnt ihr nun als weitere Säulen konkrete Elemente schreiben, die das System stützen (zum Beispiel „Auto als Statussymbol", „autoorientierte Innenstädte", „Automobilkonzerne" oder „Pendler*innenpauschale"). Versucht dabei, die Elemente möglichst genau zu beschreiben und diskutiert nicht zu lange, unter welche der drei breiten Säulen es gehört. Die breiteren Säulen dienen nur dazu, Leerstellen zu vermeiden (siehe Abbildung).

3. Kernsäulen und Ansatzpunkte erkennen (25 Minuten)

Diskutiert gemeinsam, welche der Säulen mehr zur Stabilität des Gebäudes beitragen als andere. Markiert diese in einer Farbe. Auch wenn alles wichtig erscheint: Markiert nicht zu viele Säulen!

Identifiziert anschließend die Säulen, an denen ihr als Gruppe besonders gut ansetzen könnt. Markiert diese Säulen in einer anderen Farbe. Gibt es Säulen, die sowohl wichtig sind, als auch an denen ihr ansetzen könnt? Ihr könnt beginnen, an diesen Säulen zu rütteln und so dazu beitragen, dass die Säule bricht und das Gebäude einstürzt.

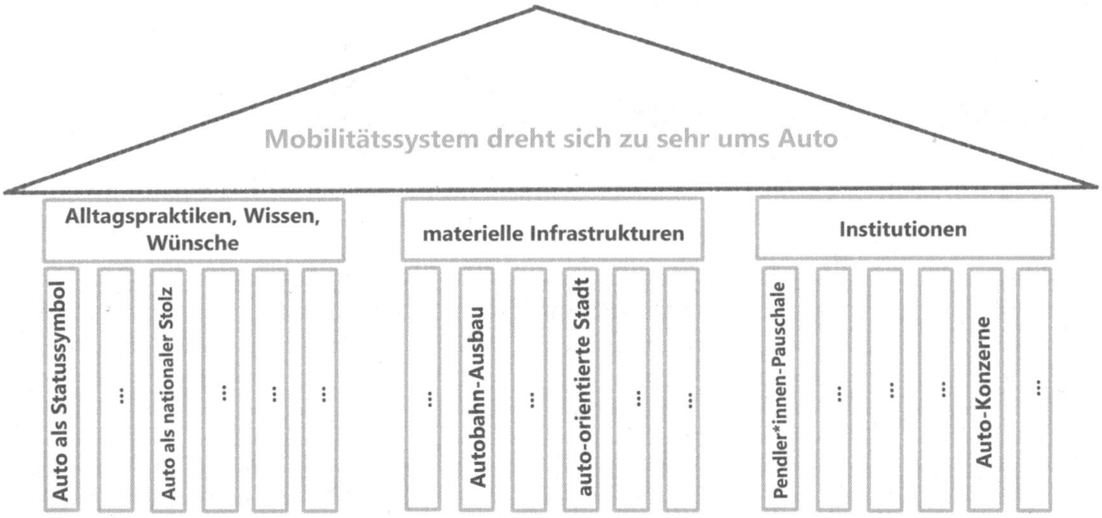

Ablauf - Teil 2: Points of Intervention

Nachdem ihr die Säule(n) identifiziert habt, an der oder denen ihr zunächst ansetzen wollt (zum Beispiel „Autokultur"), könnt ihr im zweiten Teil konkrete Aktionen entwickeln und Aktionsorte identifizieren. Dafür werden sechs Typen von Ansatzpunkten – Points of Intervention – unterschieden:

- **Orte der Produktion**: Das ist die klassische Produktionsstätte, die zum Beispiel durch einen Streik oder Sabotage lahmgelegt werden kann, also eine Auto-Fabrik. Denkt bei Produktion auch an Wissensproduktion, beispielsweise den rechten Think Tank, der gegen Klimaaktivismus und queere Menschen hetzt.
- **Orte der Zerstörung**: Die Orte, an denen die Zerstörung unserer Lebensgrundlagen am schnellsten und intensivsten vor sich geht, sind oft weit weg von der Wahrnehmung und dem Bewusstsein vieler Leute. Durch Aktionen an diesen Orten – wie beispielsweise bei Waldrodungen für neue Autobahnprojekte oder bei Schrotthalden – werden sie in das Licht der Öffentlichkeit gezerrt und können die Zerstörung zumindest temporär verlangsamen.
- **Orte des Konsums**: Geschäfte (zum Beispiel Autohäuser) bilden die glitzernde Fassade der imperialen Lebensweise, von denen Kritik und Bilder der dafür notwendigen Zerstörung ferngehalten werden sollen. Daher eignen sie sich ebenfalls als Ansatzpunkt. Gleichzeitig sollte hier aufgepasst werden, dass das individuelle Konsumverhalten nicht als (primärer) Schlüssel zum Wandel überbetont wird.
- **Orte der Entscheidung**: Während Macht sich als Geflecht von Beziehungen beschreiben lässt, gibt es immer auch Orte, an denen Entscheidungen getroffen werden (zum Beispiel ein Fraktionsbüro einer Partei, die sich für den Ausbau einer Autobahn ausspricht). Diese lassen sich ebenfalls angreifen, um Druck auf die Entscheidenden auszuüben oder die Legitimität ihrer Herrschaft in Frage zu stellen.
- **Grundannahmen**: Hiermit sind Ansatzpunkte gemeint, die Grundannahmen unseres Systems oft spielerisch oder satirisch in Frage stellen. Wenn beispielsweise von stadtpolitischen Initiativen ein Villenviertel mit all seinen SUVs als „Problembezirk" dargestellt wird, da dort unverantwortlich viel Reichtum und Macht konzentriert ist, werden die Mainstream-Geschichten auf den Kopf gestellt.
- **Möglichkeitsfenster**: Timing ist alles. Bestimmte Veranstaltungen und Ereignisse können gute Ansatzpunkte darstellen – klassische Beispiele sind Wahlen, aber auch Messen wie die Automobilmesse.

1. Vorbereitung (15 Minuten)

Zunächst schreibt ihr oben auf sechs große Papierbögen jeweils einen Typ von Ansatzpunkt und darunter eine Tabelle mit zwei Spalten, wovon die eine mit *ORT* und die andere mit *AKTION* überschrieben ist. Die sechs Poster hängt ihr gut verteilt im Raum auf.

Geht gemeinsam die Liste der sechs Typen der Points of Intervention durch und klärt gegebenenfalls Verständnisfragen. Es ist möglich, dass nicht jeder Angriffspunkt für euer Problem gleich relevant erscheint. Vielleicht lässt sich mit etwas Kreativität aber doch noch etwas finden?

2. Ideen sammeln (45 Minuten)

Nun teilt euch in Kleingruppen auf und verteilt euch an den Postern. Jede Kleingruppe sammelt in der Spalte ORT alle möglichen Orte, die ihr einfallen. Pro Poster nehmt euch etwa 7 Minuten Zeit. Schreibt jeden Ort in eine neue Zeile. Nach Ablauf der Zeit wechselt jede Gruppe ein Poster weiter. Das Ganze wiederholt ihr, sodass jede Gruppe vor drei Plakaten stand und gleichzeitig auf jedem Plakat etwas steht.

Nun wechseln die Kleingruppen in die Spalte AKTION und notieren zu jedem Ort mögliche Aktionen. Wieder rotiert ihr zwei Mal. Anschließend könnt ihr euch noch Zeit nehmen, damit jede*r frei auf jedem Poster ergänzen kann.

3. Auswertung (30 Minuten)

Abschließend sammelt ihr die Poster ein und schaut gemeinsam, welche Aktionsideen zu den gesammelten Orten zusammengekommen sind. Überlegt in der großen Gruppe: Welche Points of Intervention und welche konkrete Aktionsidee haltet ihr für besonders wirksam? Und auf welche habt ihr große Lust?

Quelle der Übungen

Diese beiden Übungen finden sich in verschiedenen Formen wieder. Diese vorliegenden Varianten wurde von uns erarbeitet auf der Basis der Ausführungen auf dem unten verlinkten Portal *Beautiful Trouble*.

Zum Weiterstöbern

- Gespräche mit Menschen aus sozialen Bewegungen, die schon heute kämpfen, statt appellieren, finden sich unter anderem bei folgenden Podcasts: *Wie kann ich was bewegen?*: wiekannichwasbewegen.podigee.io, *Dissens*: dissenspodcast.de und *Was tun?* was-tun.podigee.io
- Mark Engler und Paul Engler (2016): *This is an Uprising - How Nonviolent Revolt Is Shaping the Twenty-First Century*. Bold Type Books.
- Marco Heinig, Steffen Maurer, Luise Burchard und Luca Vogel (2022). *Rise Up*. Dokumentarfilm.
- Viele ganz praktische Tipps, Taktiken und Aktionsformen zum Kämpfen, finden sich in der Toolbox von *Beautiful Trouble*: beautifultrouble.org/toolbox/

Realpolitik revolutionär gestalten

Bei einem Blick in die Zeitung, beim Durchscrollen der Social-Media-Timeline oder bei einer Diskussion mit Freund*innen über den Zustand der Welt weiß mensch gar nicht, welcher Missstand zuerst angegangen werden sollte. Bei genauerem Hinsehen offenbart sich häufig, dass eine wirkliche Lösung vieler Probleme innerhalb des jetzigen Systems kaum möglich ist und es einen umfassenden Systemwandel braucht (→ Baustein: **SYSTEMISCH DENKEN STATT SCHEUKLAPPENBLICK**). Doch wie soll das gehen? Und ist dann alles, was nicht direkt auf einen solchen Systemwandel abzielt, für die Katz? Oder noch schlimmer: Stabilisiert die Symptombekämpfung das System, da es den Verlierer*innen das falsche Versprechen gibt, dass sich für sie doch noch alles zum Besseren wenden wird?

Theoretiker*innen und Praktiker*innen aus sozialen Bewegungen an verschiedenen Orten der Welt haben sich mit dieser Frage beschäftigt, und Konzepte wie *revolutionäre Realpolitik* (Rosa Luxemburg)[12] entworfen. Sie alle ähneln sich in der Aussage, dass ein realpolitisches Handeln auch im Hier und Jetzt nicht nur zu einer (oft bescheidenen) Verbesserung im Alltag beitragen kann und sollte. Es kann und sollte auch die Voraussetzungen für eine grundlegende Transformation verbessern und Schritte in Richtung eines radikalen Wandels gehen – daher *revolutionär*. Wichtig ist dafür zum einen, dass eine langfristige Perspektive eines radikalen Systemwandels mitgedacht wird, wenn beispielsweise Kampagnen geplant und politische Forderungen formuliert werden. Zum anderen, und damit verknüpft, sollten die zu erkämpfenden Erfolge die Chancen für einen echten Systemwandel erhöhen.

Laut Dieter Klein „tanzt das Morgen schon im Heute“[13]: Wandel innerhalb unseres jetzigen kapitalistischen Systems kann eben auch Elemente, Institutionen und Verhaltensnormen einer nach-kapitalistischen Gesellschaft beinhalten, sozusagen ein utopisches Moment. Ein Einstiegsprojekt könnte beispielsweise kostenloser Nahverkehr sein. Dies wäre durchaus im jetzigen System möglich. Aber gleichzeitig wäre dann die Teilhabe an einem wichtigen Lebensbereich nicht mehr vom Geld der Nutzer*innen abhängig, sondern würde sich am Mobilitätsbedürfnis der Menschen ausrichten. In der Summe können solche Einstiegsprojekte – bei ausreichender Unterstützung der Bevölkerung – die Kräfteverhältnisse verschieben.

12 Rosa Luxemburg (1903): Karl Marx. In: GW 1.2, Berlin, S. 369-377.
13 Dieter Klein (2013): Das Morgen tanzt im Heute. Transformation im Kapitalismus und über hin hinaus. VSA.

Konzepte wie revolutionäre Realpolitik ermöglichen auch einen Umgang mit dem Problem, dass umfassender gesellschaftlicher Wandel Zeit braucht – Zeit, die wir angesichts der Klimakatastrophe nicht haben. So muss man sich nicht zwischen den beiden Polen der Debatte entscheiden: Weder ein „wir haben keine Zeit für Systemwandel, wir brauchen Klimaschutz jetzt" noch ein „bevor der Kapitalismus überwunden ist, bringt Klimaschutz sowieso nichts" ist in diesem Sinne zielführend.

Kampagnen und politische Forderungen sollten daher immer zwei miteinander verschränkte Ziele verfolgen: erstens greifbare Verbesserungen, die im Hier und Jetzt möglich sind (→ Baustein: **ORGANIZING - TRANSFORMATION AUS DEM ALLTAG HERAUS**) und zweitens eine darüber hinaus gehende Transformationsperspektive, die die gesellschaftlichen Machtverhältnisse verschiebt und die Bedingungen für einen Systemwandel verbessert. Ohne dies verbleibt politischer Aktivismus innerhalb der Systemgrenzen.

Beispiel: Deutsche Wohnen & Co. enteignen – Recht auf Wohnen statt Profite!

Der explosionsartige Anstieg der Mieten in Berlin – eine Verdoppelung innerhalb von zehn Jahren – führt dazu, dass viele Alteingesessene ihre Stadtviertel verlassen müssen und es immer schwieriger wird, eine bezahlbare Wohnung zu finden. Zahnlose Tiger wie die Mietpreisbremse der Bundesregierung konnten diesen Trend nicht stoppen. Wohnen ist im Kapitalismus eine Ware: Die Eigentümer*innen der Mietwohnungen optimieren ihre Rendite über möglichst hohe Mieten und wenige Ausgaben für Instandhaltung. Wohnraum dient als Spekulationsobjekt und treibt somit auch die Preise für den Kauf einer eigenen Wohnung nach oben.

Aufbauend auf langjährigen Mieter*innenkämpfen setzte die Kampagne *Deutsche Wohnen und Co. enteignen!* bei dem Alltagsproblem der rasant steigenden Mieten an. Sie startete 2019 ein Volksbegehren für die Vergesellschaftung der Wohnungen von großen Immobilienkonzernen. Der Zweck von Aktiengesellschaften wie *Deutsche Wohnen* oder *Vonovia* ist es, möglichst hohe Dividenden zu erzielen. Das treibt die Mietpreise in astronomische Höhen. Trotz starken Gegenwindes der meisten Parteien und dem Streuen von Fehlinformationen durch die Immobilienwirtschaft und Medien entschieden im September 2021 knapp 60 % der wählenden Berliner*innen in dem Volksentscheid, dass 240 000 Wohnungen in Berlin der Spekulation entzogen werden sollen. Die Konzerne würden hierfür entschädigt und die Wohnungen in eine Anstalt öffentlichen Rechts überführt. Das heißt, dass die Wohnungen zu öffentlichem Eigentum würden und die Mieter*innen in Verwaltung und Entscheidungen bezüglich der Wohnobjekte eingebunden wären.

Der Erfolg der Kampagne führte dazu, dass zum Beispiel in Hamburg überlegt wird, wie dort ein ähnlicher Volksentscheid umgesetzt werden kann. Trotz des erfolgreichen Volksentscheids ist – Stand Juni 2022 – noch nicht ausgemacht, ob die Enteignungen vollzogen werden, da dies weiter politisch umkämpft ist. In jedem Fall hat die Kampagne bereits einen Erfolg erzielt: Enteignungen werden als mögliches Mittel der politischen Gestaltung wieder breiter diskutiert und es wird ins gesellschaftliche Gedächtnis gerufen, dass das Grundgesetz Enteignungen explizit vorsieht. Der existierende rechtliche Rahmen wird zum Ausgangspunkt, um die derzeitigen ungerechten Eigentumsverhältnisse anzugreifen. Eine Enteignung in Folge der Kampagne würde die Spielräume für gemeinwohlorientierte Politik ausweiten und über die jetzigen privatwirtschaftlich dominierten Ansätze hinausweisen. Die Kampagne geht die konkrete Notlage in Folge der Mietenexplosion an, hat viele Leute für mietenpolitisches Engagement motiviert und zu einer effektiveren Organisierung (⟶ Baustein: **ORGANIZING – TRANSFORMATION AUS DEM ALLTAG HERAUS**) beigetragen. Gleichzeitig bereitet sie den Weg dafür, den Kapitalismus im Bereich Wohnen zurückzudrängen und an seine Stelle eine demokratische und bedürfnisorientierte Versorgung mit Wohnraum treten zu lassen.

▶ Deutsche Wohnen & Co enteignen!: dwenteignen.de/

Übung: Die 7. Generation

Einleitung

Die folgende **gefühlsbetonte Gruppenübung** nutzt einen eher intuitiven Zugang, um den Zusammenhang zwischen den wichtigen heutigen und oftmals kleinteiligen Alltagskämpfen und einem umfassenden, langfristigen Wandel herzustellen. Diese Übung soll eine Brücke in die Zukunft bauen. Sie lädt dazu ein, Fragen zu beantworten, die künftige Menschen stellen könnten. Durch den Austausch mit Menschen, die sieben

Wollt ihr eure politische Arbeit stärker an revolutionärer Realpolitik ausrichten? Dann können euch die folgenden Fragen helfen, eure Arbeit und eure Strategie am „Sowohl-als-auch“ von Reformen im Jetzt und Hier und revolutionären Veränderungen auszurichten:

- An welchen ganz akuten Alltagsproblemen könnt ihr mit euren Aktivitäten ansetzen, um konkrete Verbesserungen im Alltag zu schaffen?
- Wie können eure Forderungen und Aktivitäten den Raum des Möglichen erweitern, um zukünftig radikaleren Wandel zu erreichen?
- Welche Konventionen und Werte werden durch eure Forderungen und Aktivitäten infrage gestellt und verschieben so den Diskurs?
- Motiviert und ermächtigt das, was ihr tut, euch und andere zu weiteren Kämpfen?
- Wird Raum zum Experimentieren von solidarischen Alternativen geschaffen?
- Welche Elemente eurer Forderungen und Aktivitäten sind gleichzeitig Bausteine für eine solidarische Lebensweise/post-kapitalistische Gesellschaft?
- Wie könnten hegemoniale Kräfte die Forderungen oder eure Arbeit vereinnahmen? Was würde das für euch bedeuten? Wie kann gegengesteuert werden?
- Findet ihr auch Punkte, in denen eure Aktivitäten und Forderungen das System, das ihr eigentlich überwinden wollt, stärken? Und was ließe sich dagegen tun?

Generationen nach uns leben, können wir die Bedeutung unserer jetzigen Handlungsmöglichkeiten für radikalen Gesellschaftswandel erfahren. Denn aus einer systemischen Perspektive haben heutige Entwicklungen und Handlungen Konsequenzen, die sich über Jahrhunderte erstrecken – das zeigt sich durch die Klimakrise noch deutlicher. Wenn wir uns darin üben, in erweiterten Zeithorizonten zu leben, können wir lernen, uns selbst als Vorfahren künftiger Generationen zu verstehen. Wie können wir für unsere Nachfahren die Rolle von Verbündeten einnehmen? Wenn wir hören, was wir ihnen antworten, hilft uns das, den Horizont unserer Perspektive und Strategien in die Zukunft zu erweitern und systemisch zu vertiefen.

Ca. 60 Minuten

5 - 25

Ggf. Stühle oder andere verschiebbare Sitzmöglichkeiten

Ablauf

1. Vorbereitung (5 Minuten)

Bildet zwei Sitzkreise, in denen sich jeweils zwei Personen gegenübersitzen können. Eine Person sollte die Übung anleiten. Alle anderen Personen nehmen willkürlich in den zwei Kreisen Platz.

2. Fragen aus der Zukunft (15 Minuten)

Die anleitende Person liest nun vor: „Die Personen, die im inneren Kreis sitzen, sind Personen aus der Gegenwart. Ihnen gegenüber sitzen im äußeren Kreis Personen aus der Zukunft. Diese Personen sind der gegenwärtigen Zeit 200 Jahre voraus und kommen zu Besuch zu ihren Vorfahren. Die Personen aus der Zukunft haben viele Geschichten über die Zeit vor ihnen gehört – in Büchern, Liedern und Erzählungen. Doch wie die Welt sich entwickelt hat, hat viele Fragen aufgeworfen, die sie den Menschen aus der Gegenwart gerne direkt stellen möchten."

Die anleitende Person stellt nun im Namen der Menschen aus der Zukunft folgende drei Fragen an die Menschen aus der Gegenwart:

- *Frage 1:* Liebe*r Vorfahr*in, ich höre Geschichten über die Zeit, in der du gelebt hast, von Kriegen, von einigen absurd reichen Menschen und gleichzeitig viel Armut und heimatlosen Menschen, von Menschen, die tagtäglich mit Diskriminierung kämpfen müssen, von Gift in den Meeren, im Boden und in der Luft, vom Aussterben vieler Arten. Wir spüren noch immer die Auswirkungen von alledem. Von wie vielem davon weißt du und wie ist es für dich, mit diesem Wissen zu leben?
- *Frage 2:* Liebe*r Vorfahr*in, wir haben Lieder und Gedichte, die davon erzählen, was du und deine Freund*innen damals getan haben, um die Welt radikal zu verändern. Sie sagen uns nicht, wie ihr begonnen habt. Ihr müsst euch manchmal einsam, ohnmächtig und verwirrt gefühlt haben in euren Handlungen und Kämpfen für eine andere Welt. Welche Schritte habt ihr konkret unternommen?
- *Frage 3:* Liebe*r Vorfahr*in, ich weiß, dass ihr viel Mut und Anstrengung unternommen habt und für eine ganz andere Welt eingetreten seid, in der ein Gutes Leben für alle möglich sein konnte. Woher habt ihr die Kraft genommen, über lange Zeit so hartnäckig eure Ziele zu verfolgen, trotz all der Hindernisse und Entmutigungen?

Nach jeder Frage hält die anleitende Person inne und lässt die Menschen aus der Gegenwart zwei bis drei Minuten erzählen. Die Menschen aus der Zukunft hören einfach nur zu, was die Menschen der Gegenwart auf die Fragen zu antworten haben – bitte keine Nachfragen stellen, die Menschen aus der Zukunft hören wirklich nur zu. Die anleitende Person hat die Zeit im Blick und stellt jeweils die nächste Frage, wenn die Zeit um ist.

3. Eindrücke aus der Zukunft (10 Minuten)

Nachdem alle drei Fragen gestellt wurden und nur die Menschen im inneren Kreis gesprochen haben, sind die Menschen aus der Zukunft (des äußeren Kreises) dran. Sie berichten der Person aus der Gegenwart, die ihnen gegenüber sitzt, wie es war, ihr zuzuhören. Auch dafür sind etwa drei Minuten angesetzt. In dieser Zeit hören die Menschen des inneren Kreises nur zu und stellen keine Nachfragen.

Nach dieser Runde stehen alle einmal auf und schütteln sich einmal, klopfen ihren Körper ab und alle kommen wieder ganz im Hier und Jetzt und dem Raum an, in dem die kleine Zeitreise stattgefunden hat.

4. Nachbesprechung (20 Minuten)

Tauscht euch im Anschluss an die Übung gerne zunächst für fünf bis zehn Minuten in den jeweiligen Erzählpaaren über die Übung aus. Wie ging es euch in eurer jeweiligen Rolle? Wie war es zu erzählen/zuzuhören? Was für Emotionen und Gedanken sind beim Erzählen/Zuhören aufgekommen?

Nehmt euch im Anschluss den Rest der Zeit, um in der großen Gruppe über die Übung zu sprechen. Welche Eindrücke, Gefühle oder Erkenntnisse wollt ihr mit der Gruppe teilen? Hat euch die Übung geholfen, Verbindungen zwischen eurem jetzigen Handeln und einer langfristigen Wandelperspektive herzustellen? Was war schwierig und wieso? Nehmt ihr Anregungen für eine revolutionäre Realpolitik mit?

Quelle der Übung

Die Übung wurde von uns leicht angepasst und stammt ursprünglich aus: Joanna Macy und Chris Johnstone (2014): *Hoffnung durch Handeln*. Junfermann Verlag, S. 149.

Zum Weiterstöbern

- Beispiele, wie revolutionäre Realpolitik im Bereich Wohnen und Stadt aussehen könnte, findet ihr in: Interventionistische Linke (2018): *Das Rote Berlin*, interventionistische-linke.org/beitrag/das-rote-berlin; oder auf dem Stadtplan der *Sorgenden Städte*: sorgende-staedte.org
- Dieter Klein (2013): *Das Morgen tanzt im Heute. Transformation im Kapitalismus und über ihn hinaus*. VSA, rosalux.de/fileadmin/rls_uploads/pdfs/sonst_publikationen/VSA_Klein_Das_Morgen.pdf
- Gabriele Winker (2021): *Solidarische Care-Ökonomie. Revolutionäre Realpolitik für Care und Klima*. Transcript.
- Michael Brie und Mario Candeias (2012): *ABC der Transformation: Revolutionäre Realpolitik*. In: Ulrich Brand, Bettina Lötsch, Benjamin Opratko, Stefan Thimmel (Hrsg.): ABC der Alternativen 2.0. Von Alltagskultur bis Zivilgesellschaft. VSA, S. 352-353, zeitschrift-luxemburg.de/abc/revolutionaere-realpolitik/
- Verónica Gago (2019): *Revolutionäre Realpolitik in Chile. Wer sagt, dass es keine Revolution mehr gibt?* In: IL Debattenblog, blog.interventionistische-linke.org/feminismus/revolutionaere-realpolitik-in-chile

Mit emergenten Strategien flexibel bleiben

Strategie – das klingt nach einem Schlachtplan, den einige kluge und mächtige Köpfe schmieden und im Anschluss in die Tat umsetzen. Ein solches militärisches Verständnis von Strategie geht davon aus, dass einige wenige Strateg*innen auf vollständige Informationen zurückgreifen, alle relevanten Variablen miteinrechnen und das Vorgehen im Vorhinein minutiös planen. Doch die Umsetzung solcher Strategien ist häufig schwierig, insbesondere wenn sie auf größere Veränderungen abzielen. Denn die Welt ist konstant in Bewegung, ein Strom aus sich ständig wandelnden Beziehungen und Mustern. Und so scheitern viele dieser Strategien, da sie nicht flexibel auf sich verändernde Bedingungen reagieren können.

Wir sollten uns von der Vorstellung verabschieden, dass wir Transformation planen, kontrollieren und einfach umsetzen können. Aber das lässt uns nicht ohnmächtig zurück. Denn Menschen können sich zusammenschließen, sich organisieren, neue Beziehungen aufbauen, gemeinsam Strategien entwerfen und diese regelmäßig reflektieren und weiterentwickeln – und somit in gesellschaftliche Prozesse eingreifen. Als Aktivist*innen sind wir teilmächtig – nicht allmächtig. Wir können die Welt mit anderen mitgestalten, sozusagen ko-transformieren.

Die Aktivistin adrienne maree brown spricht hier von *emergenten Strategien*. Emergenz beschreibt den Prozess, wenn in Systemen durch das Zusammenwirken verschiedener Elemente etwas qualitativ Neues entsteht, das mehr ist als die Summe seiner Teile. Emergente Strategien reagieren flexibel auf sich wandelnde Umstände. Sie sind:

- **anpassungsfähig**, das heißt, sie passen sich an verändernde Bedingungen an;
- **fraktal**, das heißt, sie leben im Kleinen den Wandel im Großen vor;
- **verbindend**, das heißt, sie schaffen Verbundenheit zwischen Menschen und zwischen menschlichen und nicht-menschlichen Wesen;
- **dezentral**, das heißt, sie verteilen Macht auf viele Schultern;
- **nicht-linear**, das heißt, sie sind offen für explosionsartige wie auch stille und schleichende Veränderungen;
- **iterativ**, das heißt, sie sind offen für sich wiederholende Lernprozesse;
- **resilient**, das heißt, sie berücksichtigen die Notwendigkeit, sich zu erholen und zu stärken, um Rückschläge, Schmerzen und Krisen verarbeiten zu können;
- und sie schaffen **viele neue Möglichkeiten**, das heißt, sie orientieren sich nicht nur an der einen Strategie, sondern fördern eine Vielzahl an verschiedenen Strategien.

Erfolgreiche Strategien werden also nicht im Vorhinein ausformuliert. Sie entstehen und verändern sich vielmehr kontinuierlich im Zusammenspiel von beabsichtigten und nichtbeabsichtigten Prozessen. Solche Strategien brauchen einerseits eine Zielperspektive (→ Baustein: **REALPOLITIK REVOLUTIONÄR GESTALTEN**), also eine Vision für eine wünschenswerte Zukunft und mögliche Wege dorthin. Andererseits erfordern sie eine ständige Auseinandersetzung mit tieferliegenden Mustern, systemischen Zusammenhängen und deren ständigem Wandel – und dies aus unterschiedlichen Perspektiven. Emergente Strategien helfen also dabei, auf unvorhergesehene Krisensituationen und schnelle gesellschaftliche Verschiebungen zu reagieren. Denn sie passen sich kontinuierlich an eine sich verändernde Umwelt an, ohne dabei jedoch das Transformative der Ziele aus dem Blick zu verlieren.

Beispiel: Black Lives Matter – Organisierung geboren aus Trauer und Wut

Ein Beispiel für emergente Strategien ist die Bewegung *Black Lives Matter* (BLM). BLM wurde nicht von langer Hand geplant, sondern hat sich Bahn gebrochen – als Ausdruck von Kummer, Wut und Verzweiflung gegenüber der wiederholten Tötung von Schwarzen Menschen durch staatliche Sicherheitsapparate in den USA. adrienne maree brown beschreibt es so: „Das war emergent. Es hat sich nicht jemand hingesetzt und gesagt: ‚Ich habe alles geplant, ich weiß, wie wir Schwarze Menschen für ihren Befreiungskampf mobilisieren und direkte Aktionen im Hier und Jetzt starten.' Das ist nicht das, was passiert ist. Es ist vielmehr aus großer Trauer erwachsen ... und diese Trauer wirkte so mobilisierend, dass Menschen gesagt haben: ‚Wie organisieren wir uns für das, wonach wir streben und woran wir glauben? In einem Moment, in dem alles um uns herum uns zeigt, dass wir nichts bedeuten, aber wir wissen, dass wir es tun.' Und so viele Menschen haben sich diesem Aufruf angeschlossen."[14] BLM ist allerdings nicht aus dem Nichts entstanden, sondern stützt sich auf jahrelange kontinuierliche Organisierungsarbeit in Schwarzen Communities. BLM selbst wurde im Jahr 2013 von den drei Frauen of Color Alicia Garza, Opal Tometi und Patrisse Cullors gegründet, ist dezentral organisiert und inzwischen an vielen Orten der Welt verankert. Die Bewegung stärkt die Verbundenheit und Widerstandsfähigkeit Schwarzer Communities im Angesicht von Polizeigewalt und Rassismus, reagiert schnell auf immer wieder neue Ereignisse, wie die wiederholte Tötung Schwarzer Menschen durch die Polizei, und verwendete eine Vielzahl an Taktiken, wie direkte Aktionen, Demonstrationen und Social-Media-Kampagnen, um systemische Veränderungen und transformative Gerechtigkeit zu erzielen.

► Alicia Garza (2020): *Die Kraft des Handelns. Wie wir Bewegungen für das 21. Jahrhundert bilden.* Klett-Cotta.

Übung: Strategiekreis

Einleitung

Die folgende **Reflexionsübung** ist sowohl für neue als auch für bestehende Gruppen geeignet, die ihre strategische Ausrichtung überdenken und anpassen möchten. Damit emergente Strategien entstehen können, braucht es Zeit und Raum. Nehmt euch immer mal wieder etwas Zeit, um eure Strategien zu überdenken, abzuändern, anzupassen und auf unvorhergesehene Entwicklungen einzugehen. Diese Übung ermöglicht, dass die Themen, Emotionen und Gedanken, die euch im aktuellen Moment beschäftigen, Raum finden, ausgedrückt und besprochen werden und somit Platz in eurem Strategieprozess finden können. Die Übung möchte helfen, eure Strategien immer wieder in ersten Schritten zu denken statt als vorgefertigten Masterplan.

14 adrienne maree brown (2017) im Video über „Emergent Strategies", youtu.be/lyN76oTt67M

Ca. 90 Minuten

Mindestens 5; bei größeren Gruppen: Kleingruppen bilden

2 große Papierbögen
Moderationskarten
Stifte verschiedener Farben
Klebepunkte (optional)

Ablauf

1. Den Rahmen setzen (5 Minuten)

Legt gemeinsam eine Person fest, die durch die Übung leitet. Diese erklärt zu Beginn Ziel, Dauer und Ablauf.

2. Ziele und Beweggründe sammeln (40 Minuten)

Die Teilnehmenden werden in zwei Gruppen eingeteilt. Jede Gruppe erhält einen großen Papierbogen und Stifte. Die eine Gruppe sammelt politische Ziele, die ihr gerne erreichen möchtet. Hier geht es nicht um die Frage, was ihr tun, sondern was ihr erreichen wollt und was ihr euch wünscht. Ein Beispiel wäre das Ziel einer veränderten Erinnerungskultur im öffentlichen Raum: keine Denkmäler für deutsche Unterdrücker, sondern für Widerstandskämpfer*innen. Die zweite Gruppe sammelt Begründungen, wieso ihr in der Gruppe zu euren Themen arbeitet. Hier können sowohl eure persönlichen Erfahrungen und Betroffenheit zu dem Thema als auch externe Ereignisse, die eure Themen aktuell beeinflussen, Platz finden (zum Beispiel aktuelle rassistische Angriffe oder Gesetzesbeschlüsse). Nach etwa 20 Minuten wechseln die Gruppen und ergänzen für weitere 10 Minuten auf dem jeweils anderen Plakat weitere Ziele beziehungsweise Beweggründe, die ihnen noch einfallen. Die Zusammenstellung aus Zielen und Beweggründen ist eure langfristige Perspektive, euer Kompass. Hängt sie gut sichtbar für alle an eine Wand. Nehmt euch 10 Minuten Zeit, damit alle nochmal auf beide Plakate einen Blick werfen können und ggf. Verständnisfragen geklärt werden können.

3. Ziele priorisieren (15 Minuten)

Im folgenden Schritt geht es darum, Ziele zu priorisieren: Welches Ziel soll die Gruppe als erstes verfolgen? Jede Person bekommt nun zwei oder drei Klebepunkte. Mit diesen kann sie abstimmen, welches Ziel die Gruppe als erstes anvisieren sollte. Wenn ihr keine Klebepunkte habt, malt einfach mit einer anderen Farbe Punkte neben das Ziel. Nehmt euch zunächst fünf Minuten Zeit, damit alle in Ruhe ihre Entscheidung treffen können und punktet dann gleichzeitig. Wertet aus, welche Ziele die meisten Punkte erhalten haben. Nun könnt ihr euch entscheiden, ob ihr die Themen mit den meisten Punkten parallel mit verschiedenen Gruppen besprecht und weiterverfolgt, euch zunächst auf ein Ziel beschränkt oder – sofern ihr genug Zeit habt – die einzelnen, priorisierten Ziele nacheinander besprecht.

4. Den ersten Schritt entwickeln (30 Minuten)

Macht zunächst eine kurze Pause, atmet durch, schüttelt euch. Teilt euch dann entsprechend der Anzahl der ausgewählten Ziele gegebenenfalls in Kleingruppen auf und benennt für jede Gruppe eine*n Moderator*in und eine Person, die wichtige Punkte schriftlich festhält. In der Kleingruppe überlegt ihr euch nun einen ersten Schritt, den ihr als Gruppe ausprobieren möchtet. Dazu sammelt ihr zunächst in Stillarbeit mögliche erste Schritte auf Moderationskarten. Legt die Moderationskarten gut sichtbar für alle in die Mitte. Tauscht euch nun darüber aus, was für euch mit Blick auf eure Ziele und Beweggründe aktuell der beste nächste, erste Schritt ist. Bewahrt die anderen Karten für spätere Überlegungen auf. Wichtig: Denkt daran, dass es nicht darum geht, einen Masterplan bis zum Ziel zu entwerfen, sondern nur einen ersten Schritt zu gehen. Erste Schritte können klein oder groß sein, es könnte eine konkrete Aktion sein, aber auch ein weiterführendes Gespräch oder weitere Nachforschungen.

5. Rausgehen und ausprobieren

Ein zentrales Element emergenter Strategien ist das Ausprobieren. Geht raus in die Welt, probiert aus, stolpert und lernt dazu. Dieser Schritt ist kein Teil von einem Gruppentreffen mehr, sondern passiert zwischen euren Treffen.

6. Reflexion

Wenn ihr euren ersten Schritt oder ein paar erste Schritte gegangen seid, könnt ihr für die Entwicklung des nächsten Schrittes einfach wieder mit dem Strategiekreis beginnen. Für Phase 2 könnt ihr eure Ziele und Beweggründe vom vorherigen Mal hervorholen und schauen, ob etwas Neues hinzugekommen ist, etwas gestrichen oder verändert werden kann. Für Phase 4 könnt ihr auch eure alten Moderationskarten mit möglichen nächsten Schritten nutzen und diese gern ergänzen. Durch die regelmäßige Wiederholung der Übung könnt ihr eure Strategie Schritt für Schritt entwickeln und lernt im Gehen immer mehr dazu und könnt eure Schritte anpassen.

Quelle der Übung

Die Übung haben wir neu erarbeitet.

Zum Weiterstöbern

- adrienne maree brown (2017): *Emergent Strategy. Shaping change, changing worlds.* AK Press.
- adrienne maree brown (2021): *Holding Change. The way of emergent strategy facilitation and mediation.* AK Press.
- Laleña Garcia (2020): *What We Believe: A Black Lives Matter Principles Activity Book.* Lee & Low Books.

BAUSTEIN

BETROFFENSEIN IN STÄRKE VERWANDELN

In der nordamerikanischen Klimagerechtigkeitsbewegung hat in den letzten Jahren der Begriff der *Frontline Communities* Einzug gehalten. In den USA werden Öl-Pipelines durch indigene Territorien gelegt und Schäden durch Hurrikans betreffen überdurchschnittlich stark einkommensschwache und afroamerikanische Stadtviertel. Oftmals sind es diese unmittelbar betroffenen Gemeinschaften, die politisch aktiv werden und Widerstand leisten und somit zu Frontline Communities werden. Diese kämpfen an vorderster Front gegen die imperiale Lebensweise und ihre Auswirkungen. Auch Gemeinschaften im Globalen Süden, die jetzt schon mit den existenzbedrohenden Konsequenzen der Klimakrise zu kämpfen haben und sich daher für Klimagerechtigkeit einsetzen, sind in diesem Sinne Frontline Communities. Ebenso kämpften die Beschäftigten in der Pflege oder in anderen systemrelevanten Berufen während der Covid-19 Pandemie an der Frontline, oft unter miserablen Arbeitsbedingungen, mit Gefährdung ihrer eigenen Gesundheit und über ihre Kräfte hinaus. Viele Menschen an der Pandemie-Frontline streikten daher für besseren Arbeitsschutz und Entlastung, beispielsweise Pfleger*innen in Indien und Zimbabwe oder Lieferdienstarbeiter*innen in Südkorea und den USA.

Oft kommen in den Frontline Communities verschiedene Unterdrückungsmechanismen zusammen, wie beispielsweise Rassismus und Klassenzugehörigkeit. In vielen Kämpfen von Frontline Communities spielen systemische Ansätze daher eine große Rolle (→ Baustein: **SYSTEMISCH DENKEN STATT SCHEUKLAPPENBLICK** und **INTERSEKTIONAL HANDELN**). Wenn sich Betroffene organisieren, können sie effektive Lösungsansätze und Strategien entwickeln. Schließlich sind sie die Expert*innen für die Problematik, aber auch für ihre eigenen Ressourcen, und ihr Protest strahlt Legitimität aus.

Auch wenn du nicht Teil einer Frontline Community bist, macht dich die Naturzerstörung oder Ausbeutung im Globalen Süden vielleicht betroffen. Beispielsweise empörst du dich über die Umweltschäden und Menschenrechtsverletzungen, die der Steinkohleabbau in Kolumbien verursacht. Du kämpfst dann zwar nicht an der Frontline vor Ort gegen den Kohleabbau, du kannst aber in einer wichtigen unterstützenden Rolle aktiv werden. In diesem Fall kann solidarische Unterstützung, die Aufmerksamkeit und Netzwerke schafft, sinnvoll sein. Sie kann aber auch bevormundend sein, eine kritische Reflektion der eigenen Rolle ist daher notwendig (→ Baustein: **ZU VERBÜNDETEN UND KOMPLIZ*INNEN WERDEN**). Suche den Austausch mit Betroffenen und bring in Erfahrung, welche Unterstützung hilfreich ist. Ist ein gemeinsamer Infoabend sinnvoll? Ein Redebeitrag bei der nächsten Demonstration? Oder die Nutzung bestehender Ressourcen, wie zum Beispiel Kontakte?

Wir denken: Auch für Personen und Gruppen, die vielleicht nicht direkt an vorderster Front um ihre Existenz kämpfen, kann der Frontline-Ansatz inspirieren. Er hilft, Betroffenheiten zu analysieren und daraus eine politische Praxis zu entwickeln. Wir verstehen Betroffenheit dabei in zwei Dimensionen. Zum einen können wir direkt von etwas betroffen sein (zum Beispiel von Gängelungen im Jobcenter). Zum anderen können uns auch Ungerechtigkeiten, die andere treffen, betroffen machen (zum Beispiel das Leid von Tieren in der industriellen Tierhaltung). Betroffene haben durch die persönliche Motivation häufig auch einen längeren Atem als von Fördermitteln und politischen Trends abhängige andere Akteur*innen. Deine und eure eigene Betroffenheit zu finden, kann daher nützlich sein für transformative Strategieentwicklung.

In einem ersten Schritt möchten wir daher die Fragen aufwerfen: Auf welche Weise bist du oder ist dein Umfeld negativ von Ungerechtigkeiten betroffen? Wohnst du auf dem Land und werden Bus- oder Bahnverbindungen eingestellt? Leidest du unter langen Arbeitszeiten und hohem Arbeitsdruck oder hast du Freund*innen mit Burnout? Musst du sinnlose Tätigkeiten am Arbeitsplatz verrichten und wünschst dir mehr Mitbestimmung? Wird von dir als Frau erwartet, dass du dich mehr um den Haushalt und die Kinder kümmerst als dein Partner? Wirst du als Vater schief von deinen Kolleg*innen angeschaut, weil du im Beruf aussetzt, um dich um deine Kinder zu kümmern? Erfährst du Rassismus oder machen dich rassistische Beleidigungen gegenüber Freund*innen oder Verwandten wütend? Leiden deine Eltern unter den gesundheitlichen Folgen von miesen Jobs mit wenig Arbeitsschutz? Natürlich sind verschiedene Betroffenheiten nicht vergleichbar. Während manche ein bloßes Ärgernis (oder gar Ausdruck eines Privilegs) darstellen, folgt aus anderen die Bedrohung von Leib und Leben oder andauernde Angst. Es soll hier jedoch nicht um eine Hierarchisierung gehen, sondern darum, die eigene Verbindung zu systematischen Ungerechtigkeiten zu erkunden.

In einem zweiten Schritt geht es darum, uns mit anderen zusammenzutun, die Ähnliches erfahren und erleiden. Vielleicht gibt es bereits Initiativen, denen du dich anschließen kannst, oder es ergeben sich neue Zusammenhänge, wenn du mit anderen Betroffenen das Gespräch suchst. Gemeinsam können wir Angst, Trauer, Ohnmacht, Wut und Frust in positive Energie umwandeln und politisch aktiv und widerständig werden. Betroffenheit kann eine Quelle für Legitimation sein – nutzt dies! Wenn kollektive Betroffenheit mit kollektiver Organisierung einhergeht, entstehen widerständige Gemeinschaften. Neue Kämpfe gegen die imperiale Lebensweise tauchen auf, Menschen entwerfen solidarische Alternativen und probieren sie aus. So entstehen Stadtteilinitiativen gegen Verdrängung, Projekte solidarischer Landwirtschaft oder Initiativen für Umverteilung. Kollektive Organisierung hilft auch mit den Niederlagen und Rückschlägen umzugehen. Schließlich geht es, drittens, darum, die verschiedenen Kämpfe nicht getrennt voneinander zu betrachten. Sondern, gerade weil sie sich alle gegen Auswirkungen der imperialen Lebensweise richten, das Gemeinsame in den verschiedenen Betroffenheiten, Kämpfen und Ansätzen zu finden und sich mit anderen Bewegungen zusammenzuschließen (→ Baustein: **KÄMPFE VERBINDEN**).

Beispiel: An den Frontlinien der Klimakrise kämpfen

Frontline-Communities bekämpfen die Klimakrise an den Ursprungsorten und Transportrouten des fossilen Raubbaus, zum Beispiel bei den Protesten gegen die Pipeline Keystone XL in Nordamerika. Aber auch die Menschen, die am stärksten an den Folgen der Klimakrise leiden (oftmals als „most affected people and areas", MAPA, bezeichnet), engagieren sich an der Frontline der Klimakrise. Aktivist*innen pazifischer Inselstaaten haben sich als *Pacific Climate Warriors* zusammengetan, um sich unter dem Motto: „Wir ertrinken nicht. Wir kämpfen." gegen die fossile Industrie zu stellen. Sie organisieren Bildungsveranstaltungen, üben bei den offiziellen Klimaverhandlungen der Vereinten Nationen Druck auf die Verhandler*innen aus, und nahmen an der Blockade des weltgrößten Kohlehafens in Australien im Jahr 2014 mittels traditioneller Boote teil.

Auch in Deutschland gibt es schon seit Längerem eine Klimagerechtigkeitsbewegung. Aber erst mit Fridays For Future wurde das Klima zeitweise zum dominierenden Thema in den Medien und Talkshows. Ein Grund hierfür liegt sicherlich darin, dass die Generation der Schüler*innen stark von den Folgen der Klimakrise betroffen sein werden, und somit ihre konkreten (Zukunfts-) Ängste und Betroffenheit in die Öffentlichkeit tragen. Dies hatte mehr mediale Reichweite als die Argumente aus Wissenschaft und der Klimagerechtigkeitsbewegung vorher. Hier zeigt sich auch das Problem, dass die Menschen, die bereits jetzt (vor allem im Globalen Süden) existenziell vom Klimawandel bedroht sind, nahezu keine Öffentlichkeit in deutschen Medien bekommen. Umso wichtiger ist es, dass die Klimagerechtigkeitsbewegung rassismuskritisch und global solidarisch agiert. Viele Menschen in der Klimagerechtigkeitsbewegung engagieren sich, weil sie die globale Ungerechtigkeit der Klimakrise betroffen macht. Deswegen versuchen Menschen in der Klimagerechtigkeitsbewegung, den MAPA auch in Deutschland mehr Aufmerksamkeit zu verschaffen und Verbindungen zwischen den Klimakämpfen im Globalen Norden und Globalen Süden zu schaffen. Am Rande der Klimakonferenz in Bonn 2017 gab es beispielsweise eine gemeinsame Aktion von Aktivist*innen der *Pacific Climate Warriors* und lokalen Braunkohlegegner*innen am Tagebau Hambach.

- Pacific Climate Warriors: 350.org/pacific
- Maria Reyes und Adriana Calderón (2021): *What is MAPA and why should we pay attention to it?*, fridaysforfuture.org/newsletter/edition-no-1-what-is-mapa-and-why-should-we-pay-attention-to-it/

Übung: Mit Körperkarten Betroffenheiten verorten

Einleitung

In der folgenden **intuitiven Gruppenübung** soll ein Mapping entstehen, also eine Karte erschaffen werden – und zwar vom eigenen Körper. Die Methode wurde vom lateinamerikanischen feministischen Kollektiv *Míradas Críticas del Territorio desde el Feminismo* (übersetzt: Kritische Perspektiven auf das Territorium aus einer feministischen Sicht) entwickelt und in Zusammenarbeit mit vielen lokalen Gruppen erprobt. Bei dieser Methode zeichnet ihr eine Karte des eigenen Körpers und verortet darauf Empfindungen und Erfahrungen. Es geht um die positiven und negativen Empfindungen und Erfahrungen, die Menschen an bestimmten Orten ihrer räumlichen Umwelt erfahren. Gleichzeitig werden sie auf der eigenen Körperkarte dort eingeschrieben oder eingezeichnet, wo sie Auswirkungen auf den eigenen Körper haben. So entsteht eine Karte des eigenen Körpers und der eigenen Alltagsumwelt, die hilft, zu begreifen, wo Menschen Prekarität, Verletzungen, Demütigung, Gewalt, aber auch Hoffnung, Freude und Ermächtigung erfahren. Außerdem macht diese Methode deutlich, wie diese Erfahrungen mit der räumlichen Umwelt verwoben sind, sodass sich die Methode insbesondere für sozial-ökologische Kontexte anbietet. Dieser Ansatz hilft, auf einer gefühlsbetonten, fantasievollen Ebene Menschen anzusprechen und jenseits von rationalen Zugängen herauszufinden, wo der Schuh drückt, und die eigenen Betroffenheiten in eurer Gruppe zu finden.

Ablauf

1. Ankommen und gemeinsame Basis schaffen (15 Minuten)

Wichtig ist es, zu Beginn der Übung eine vertrauensvolle Atmosphäre zu schaffen. Eine Person wird die anderen durch die Übung navigieren. Sie sagt den Teilnehmenden einmal laut: „In den folgenden Diskussionen werden wir über Dinge sprechen, die sehr persönliche Bereiche betreffen können. Es bleibt euch überlassen, was ihr in der Gruppe ansprechen wollt. Eure Teilnahme ist absolut freiwillig. Wichtig ist, dass ihr Erzählungen von anderen mit Respekt begegnet. Wir einigen uns darauf, dass die hier geteilten Erfahrungen diesen Raum nicht verlassen. Seid ihr damit einverstanden?"

Einigt euch vorab auf das Thema, zu dem ihr eure Betroffenheiten, Gefühle, Empfindungen erkunden wollt. Es ist sinnvoll, für die Körperkarte einen alltäglichen Bereich der Teilnehmenden auszuwählen, also beispielsweise: Leben in der Nachbarschaft, Schule, Arbeitswelt, Umwelt oder Care-Tätigkeiten – je kleiner der Lebensbereich, der kartiert werden soll, desto konkreter werden die Körperkarten.

Alle Teilnehmenden bekommen ein Blatt Papier (gern DINA3 oder größer) und Stifte. Sie werden gebeten, auf diesem Blatt Papier den Umriss eines Körpers zu zeichnen.

2. Einfühlen (5 Minuten)

Die anleitende Person führt das Thema, für das ihr eure Karten erschaffen wollt, nun ein und bittet die Teilnehmenden, sich in diesen Bereich ihres Lebens einzufühlen. Dann stellt sie folgende Fragen und bittet die Teilnehmenden, sich dazu Gedanken zu machen: Wo halte ich mich auf? An welchen Orten komme ich vorbei? Wo gehe ich hin? Was tue ich dort? Auf wen treffe ich dort? Was empfinde ich dort? Es sind erste Impulse, während des Zeichnens werden noch neue Aspekte, Gefühle und Gedanken hinzukommen.

Ca. 90-120 Minuten

1-30

Große Papierbögen (mindestens DIN A3) oder besser großes Metaplanpapier
Stifte verschiedener Art (Filzstifte, Buntstifte, Wachsmaler usw.) und in verschiedenen Farben

3. Körperkarten zeichnen (45-60 Minuten)

Nachdem die Teilnehmenden Zeit hatten, sich in diese Situationen einzufühlen, werden sie gebeten, ihre Empfindungen zu diesen Orten, die sie durchlaufen, auf der Körperkarte einzutragen – und zwar dort, wo sie sich körperlich bemerkbar machen. Was geht mir durch den Kopf, wie fühlt sich das an? Was spüre ich in meinem Gesicht, meinen Augen, meiner Nase, meinem Mund? Was empfinde ich am Hals, auf den Schultern, in den Beinen? Werden sie schwer, werden sie leicht? Zieht sich mein Hals zusammen, öffnen sich die Atemwege? Wie reagiert mein Bauch? Empfinde ich Freude oder Lust, was entspannt und was verkrampft sich? Die anleitende Person kann folgende Beispiele vorlesen, falls es Teilnehmenden schwerfällt, die Übung anzugehen: Wenn ich den ganzen Tag auf der Schulbank sitze, bekomme ich Rückenschmerzen. Wenn ich meine Freund*innen im Fußballverein sehe, empfinde ich Freude im Herzen. Wenn ich mit dem Fahrrad zur Arbeit fahre, habe ich Angst, dass meine Lungen zu viel Feinstaub einatmen und meine Beine werden schwer, aber mein Kopf wird leicht. Wenn ich nach der Arbeit noch beim Kindergarten und beim Supermarkt vorbeifahren muss und danach noch putze und koche, spüre ich viel Last auf meinen Schultern. Die Teilnehmenden bekommen genug Zeit, ihre Karten fertigzustellen. Ihr könnt währenddessen gern Musik im Hintergrund laufen lassen.

Wenn alle mit ihren Karten fertig sind, werden die Teilnehmenden in einem nächsten Schritt gebeten, in einer Farbe alle Elemente ihrer Körperkarte einzukreisen, wo sie Gewalt, Unsicherheit, Angst, Traurigkeit, Schmerz, Wut erfahren. Dann werden die Teilnehmenden gebeten, in einer anderen Farbe alle Elemente ihrer Körperkarte einzukreisen, wo sie Freude, Ermächtigung, Lust, Stärke, Verbundenheit empfunden haben.

4. Austausch (30 Minuten)

Nun werden die Karten in der Mitte ausgelegt oder an der Wand aufgehängt. Wer möchte, kann einige Worte zu ihrer*seiner Körperkarte sagen. Die anleitende Person stellt danach die Fragen zur Diskussion: Welche Gemeinsamkeiten und Unterschiede lassen sich erkennen? Welche Ausgangspunkte für kollektive politische Kämpfe können wir daraus identifizieren?

Variante

Alternativ kann die Methode auch kollektiv durchgeführt werden. Eine Gruppe von circa sechs Personen erhält ein großes Papier (Metaplanpapier oder Ähnliches). Dort legt sich eine teilnehmende Person drauf und der Körper wird umrandet. Danach tragen alle Gruppenteilnehmer*innen gemeinsam eine Körperkarte zusammen. Hierbei wird gleich auf den ersten Blick erkenntlich, wo kollektive Erfahrungen liegen.

Quelle der Übung

Die Darstellung der Methode orientiert sich an den unten verlinkten Ausführungen der *Escuela Autónoma Feminista de Verano* (Autonome Feministische Sommerschule). Ursprünglich dargestellt wurde sie in: Colectivo Miradas Críticas del Territorio desde el Feminismo (2017): *Mapeando el cuerpo-territorio.*

Zum Weiterstöbern

- ausgeco2hlt (2017): *Wurzeln im Treibsand. Reflexionen und Analysen für die Klimagerechtigkeitsbewegung*, ausgeco2hlt.de/wp-content/uploads/2021/03/Wurzeln-Im-Treibsand.pdf
- Escuela Autónoma Feminista de Verano/Autonome Feministische Sommerschule (2021): *Cuerpxs-territorixs rebeldes: zine-manual tejiendo entre mundos en resistencia/Rebellische Körperterritorien: Widerstandswelten verknüpfen*, feminar-bonn.de/weitere-projekte/zine-koerperterritorien/
- Hilary Moore und Joshua Khan Russel (2011): *Organizing Cools the Planet: Tools and Reflections on Navigating the Climate Crisis*. PM Press, climateaccess.org/system/files/Moore%20and%20Russell_Organizing%20Cools%20the%20Planet.pdf
- I.L.A. Kollektiv (2019): Wo ist meine Frontline? In: *Das Gute Leben für alle*. Oekom, S. 81.

RADIKALE KOLLEKTIVE HEILUNG

Während wir in sozialen Bewegungen versuchen, die Welt solidarischer und lebenswerter für alle zu machen, vergessen wir manchmal, den Blick darauf zu richten und wahrzunehmen, wie es uns selbst in der Welt ergeht. Dabei tragen wir alle Verletzungen, Trauer oder Schmerzen mit uns herum. Uns begleitet beispielsweise die Verletzung und die Wut, die wir empfunden haben, weil jemand über unseren Rollstuhl gelacht hat oder weil uns jemand gegen unseren Willen angefasst hat.

Andere Schmerzerfahrungen sind offensichtlicher kollektiver Art. Als COVID-19 sich zu einer globalen Pandemie entwickelte, beobachteten Psycholog*innen, dass viele Menschen eine sogenannte kollektive Traurigkeit erfasste. Es ist eine Traurigkeit über die vielen menschlichen Verluste und Entbehrungen, über die Ungewissheit, der die Welt

entgegensieht. Insbesondere marginalisierte Gruppen kennen diese Erfahrungen und diese – sich auch körperlich äußernde – Schwere. Die Grausamkeit der Shoah, die menschenverachtenden Verbrechen während der Kolonialzeit, die harten menschlichen Verluste und Ausgrenzungen während der AIDS-Krise der achtziger und neunziger Jahre. Solche kollektiven Traumata prägen über Generationen hinweg das Fühlen, Denken, Wahrnehmen und Handeln gesellschaftlicher Gruppen – und zwar nicht nur, aber insbesondere, der verletzten Gruppen, und auch der Generationen, die auf sie folgen. In der Psychologie wird daher auch von transgenerationellem oder intergenerationellem Trauma gesprochen. Diese wurden erstmals bei Kindern von Genozid-Überlebenden erkannt und seither unter anderem auch bei Nachkommen von Sklav*innen, geflüchteten Menschen, Indigenen und Überlebenden von Missbrauch.

Das Wissen über intergenerationelle Traumata ist wichtig, um Traumata zu verstehen und zu bearbeiten. Trauma wird dabei als Prozess begriffen. Es ist kein abgeschlossener Moment, sondern wirkt über das konkrete traumaauslösende Ereignis hinaus – zum einen zeitlich, aber auch auf andere Personen. Für eine solche Perspektive ist es notwendig, die Verbindungen zwischen der psychisch-körperlichen, der sozialen und politischen Dimension zu betrachten. Menschen, die mit Traumata und ihren Folgen leben, werden oft als individuell krankhaft behandelt. Dabei ist ihre Situation das Ergebnis gesellschaftlicher Herrschaftsverhältnisse.

Jeder Mensch, der mit einem Trauma lebt, macht natürlich ganz eigene Erfahrungen, hat individuelle Schmerzen, persönliche Ängste und Zweifel. Zusätzlich müssen Traumata als kollektive Realität in den Blick kommen, da sie für gesellschaftlichen Wandel eine Rolle spielen. Belastungen können dazu führen, dass wir nur schwer wohltuende und nachhaltig gute Beziehungsweisen mit uns selbst oder einander aufbauen können. Traumata können uns auch politische Handlungskraft rauben. Traumata zu bearbeiten und zu heilen, kann daher auch eine gemeinschaftliche Aufgabe und ein kollektiver Prozess sein, der für emanzipatorische Transformation wichtig ist.

Vor allem Menschen, die konkrete Gewalt oder Diskriminierung erfahren haben, machen daher radikale kollektive Heilung als Transformationsansatz stark: In vielen Ländern Lateinamerikas beispielsweise prägen Frauen*, die sexuelle Übergriffe in militärischen Konfliktgebieten erlebt haben, diese Ansätze. Radikal meint dabei, dass der Heilungsprozess über die individuellen Erlebnisse und Wahrnehmung hinaus an die Wurzeln der gesellschaftlichen, kollektiven Erfahrungen geht – und auch zum Anstoßpunkt für gesellschaftliche Veränderung werden will. Viele Jüd*innen verweisen in ihrem sozialen Engagement auf den gelebten jüdischen Grundsatz *tikkun olam*, was so viel bedeutet wie „die Welt reparieren oder heilen". Für Schwarze Aktivist*innen ist Selbstfürsorge und Heilung ein Widerstandsakt dagegen, dass ihnen jahrhundertelang gesellschaftliche Empathie und Fürsorge verwehrt wurde. Mit einer solchen Praxis schaffen sich Menschen, die gesellschaftlich diskriminiert werden, wie Schwarze, queere, behinderte oder arme Menschen, selbst den Raum der Fürsorge, der ihnen von der Dominanzgesellschaft oft verweigert wird. Das kann die Grundlage bilden, um Wunden nicht an künftige Generation weiterzugeben.

Im lateinamerikanischen Kontext des *feminismo comunitario*, des kommunitären Feminismus, ist Heilung eng verbunden mit den spirituellen und mystisch-religiösen Traditionen und medizinischen Ansätzen indigener Gemeinschaften. Dahinter stehen komplexe Erfahrungen, Gefühle, Körperarbeit und Kosmovisionen, die wir nicht einfach zusammenfassen, aus dem Kontext reißen und auf europäische Bewegungen übertragen können. Aber wir können daraus lernen, wie Heilung für Transformation aussehen kann. Interpretationen, die das Konzept der Selbstfürsorge und Heilung aus den Traditionen verschiedener Kulturen aneignen, verschieben die Verantwortung oftmals auf Einzelne. Nach dem Motto: Mach Yoga, trink Tee, atme tief durch und dann kannst du als Individuum besser im neoliberalen Wettbewerb bestehen. Im Gegensatz dazu ist Heilung im feministischen, indigenen Verständnis des feminismo comunitario zwar auch ein individueller Prozess, jedoch immer in Gemeinschaft eingewebt. Wie das genau aussehen kann, erfahrt ihr unten im Beispiel.

Wichtig ist, dass individuelle Verletzungen ernst genommen werden. Es wird daher auch von individuellen Erlebnissen und Erfahrungen ausgegangen. Doch indem sie geteilt und über sie gesprochen wird, verwandeln sie sich in kollektive Erfahrungen. Wenn wir miteinander Schmerzen und Erfahrungen teilen, können wir die systemischen Hintergründe unserer Verletztheit begreifen. Durch die geteilte Erfahrung ebnen wir den Weg für eine gemeinsame Heilung. Während beispielsweise queere Menschen oder behinderte Menschen sich in der Dominanzgesellschaft oft erklären und behaupten müssen, können ihnen Räume Kraft geben, in denen die eigene Menschlichkeit und die Wahrheit der eigenen Perspektive nicht ständig bewiesen werden müssen. Heilung geschieht daher auch durch kollektive und einfühlsame Zugehörigkeit, dadurch dass wir Empathie und Verständnis erfahren. Diese Erfahrung gibt Energie für den aktivistischen Streit für eine sozial-ökologisch gerechte Gesellschaft. Der kollektive Austausch im Heilungsprozess selber wird damit zum gelebten Wandel: Wir verlernen im Heilungsprozess schmerzhafte und bauen gleichzeitig neue Beziehungsweisen des Gemeinsamen, des Mitfühlens, des Kooperierens auf (→ Baustein: **SOLIDARISCHE BEZIEHUNGSWEISEN WEBEN**).

Wer mit Trauma lebt, gilt gesellschaftlich oft als Opfer. Damit können Stigma und Scham verbunden sein. Doch kollektive Traumata rücken auch Stärke und Resilienz, also Widerstandsfähigkeit, in den Blick. Menschen leben mit den grausamen Verletzungen und Wunden, die schon etliche Menschen vor ihnen oder an anderen Orten begleitet haben oder noch begleiten. Die Politikwissenschaftlerin und Aktivistin Emilia Roig sagt: „Wir sind keine Opfer, sondern Überlebende.“[15] Es ist eine Stärke, die sich Menschen selbst, im Kollektiven, verschaffen, sie wird nicht von außen zugesprochen. Heilung wird zur Ermächtigung und Emanzipation.

Heilung bezieht sich dabei nicht nur auf die Wunden, die aus menschlichen Beziehungen hervorgehen. Es geht auch um die Verletzungen im Zusammenhang mit der nicht-menschlichen Welt. Verlust der Artenvielfalt, Wasserverschmutzung und Dürren durch Klimaveränderungen sind Verletzungen der nicht-menschlichen Welt, die maßgeblich menschengemacht sind. Gleichzeitig wirken sie auf uns Menschen zurück. Wangari Maathai, Professorin und Aktivistin, formulierte über diese Wunden, die Menschen der nicht-menschlichen Welt zufügen: „Der Einfluss [...] erstreckt sich nicht nur auf die Umwelt, in der wir leben, sondern auch auf das, was sich als unsere innere Ökologie bezeichnen ließe, unsere Seele und das Gefühl unseres Menschseins.“ Sie erklärt: „Wenn wir in einer verletzten Umwelt leben, in der das Wasser verschmutzt ist, die Luft voller Ruß und Rauch, die Nahrung mit Schwermetallen und Kunststoffrückständen verseucht ist [...], beschädigt das unsere Gesundheit und ruft körperliche, seelische und spirituelle Verletzungen hervor. [...] Doch auch das Umgekehrte trifft zu. Wenn wir die Heilung der Erde unterstützen, dann helfen wir uns auch selbst.“[16] Heilungsprozesse umfassen demnach auch, sich auf andere, mitfühlende und fürsorgende Weise mit nicht-menschlicher Natur zu verbinden.

15 Emilia Roig (2021): Why We Matter. Das Ende der Unterdrückung, S. 354

16 Wangari Maathai (2012): Die Wunden der Schöpfung heilen. Wie wir zu uns selbst finden, wenn wir unsere Erde erneuern. Herder, S. 15 und 11-12.

Wie können kollektive Heilungsprozesse noch aussehen? Lorena Cabnal, indigene Kämpferin im *Network of Ancestral Healers of Community Feminism*, betont, dass es auch darum geht, wie sich unsere Schmerzen und Verletzungen, die individuellen und die kollektiven, in unsere Körper einschreiben. Sie setzen sich durch physische Schmerzen, Erschöpfung und in Träumen fest. Heilung beginne somit mit der Zusammenarbeit mit dem eigenen Körper – durch Tanz, Atemübungen, selbstbestimmte körperliche Nähe. Außerdem spielen künstlerische Elemente, die unsere Kreativität und unsere Herzen ansprechen, eine wichtige Rolle für Heilung und für Transformation. Kunst wird in dem Sinne verstanden als ein Weg, durch den Schmerz überwunden und gemeinsam ein heilender Umgang mit Verletztheit gefunden werden kann.

Die Chicana-Feministin Gloria Anzaldúa warnt, dass Heilung kein schneller Prozess ist. Kurzfristig mag es einfacher wirken, mit unseren Wunden zu leben, als uns mit ihnen auseinanderzusetzen. Doch dass wir uns mit ihnen befassen, hilft, kollektive Stärke zu entwickeln, systemische Transformation voranzubringen und resilienter zu werden auf dem langen Weg der gesellschaftlichen Veränderung.

Beispiel 1: Das Leben weben, um zu heilen

Die Bewohner*innen des afrokolumbianischen Dorfes Mampuján wurden während des bewaffneten Konflikts in Kolumbien gewaltvoll vertrieben. Durch die schwierige ökonomische Situation, Arbeitslosigkeit und Frust nahm zusätzlich die häusliche Gewalt gegen die Frauen* der Gemeinde zu. Zwar verbesserte sich die Situation, als die Frauen* alternative Einnahmequellen entwickelten. Aber der Schmerz, den sie durch die Gewalt der Vertreibung und die Trauer um ihr altes Zuhause einerseits und durch die Misshandlungen andererseits erfahren hatten, belastete sie noch sehr stark. Angestoßen durch eine junge Frau der Gemeinde, Juana, erhielten die Frauen* der Gemeinde mithilfe eines Vereins psychosoziale Unterstützung. Doch sie merkten, dass diese Unterstützung ihnen nicht ausreichend helfen konnte. Stattdessen entwickelten sie auf dieser Basis einen eigenen Umgang mit dem Schmerz: Sie nähten Teppiche, in denen sie ihre Geschichten einwebten. Bei den gemeinsamen Webabenden teilten die Frauen* ihre Erfahrungen, ihr Leid, ihre Gefühle – es flossen Tränen der Wut und Trauer, die Teil der Teppiche wurden. Dass sie sich über ihre Schmerzen austauschen und sie gleichzeitig mit ihrer traditionellen Web-Technik in kunstvolle Objekte verarbeiten konnten, half den Frauen*, mit ihren Gewalterfahrungen zu leben.

Sie fanden diesen Umgang selbst so hilfreich, dass sie aufbrachen und mit Frauen* mit ähnlichen Erfahrungen in anderen Gemeinden Workshops durchführten. Bei diesen Workshops wurden Trauer und Schmerz in Teppiche gewebt und genäht, aber es wurde auch zusammen gekocht, gebetet und massiert. Die Teppiche, die Geschichten von Leid, Trauer, später auch von Hoffnung und Mut erzählten, wurden in ganz Kolumbien ausgestellt. Diese Ausstellungen ermöglichten, kollektive Gewalterfahrungen zu bearbeiten. Denn die Geschichte der Frauen* in Mampujan ist denen vieler Frauen* und Afrokolombianer*innen in Kolumbien ähnlich. Die Teppiche eröffneten damit auch einen Raum, um in einer von Konflikten geprägten Gesellschaft Transformation anzustoßen.

▶ Gloria Castrillón (2015): *Las tejedoras de Mampuján. La fuerza femenina del perdón,* elespectador.com/cromos/vida-social/las-tejedoras-de-mampujan-la-fuerza-femenina-del-perdon/ [auf Spanisch]

Beispiel 2: Memory Boxes – individuelles Erinnern als gemeinsamer Heilungsprozess

Die afghanische *Human Rights und Democracy Organisation* (AHRDO) macht Erinnerungsarbeit als Teil von Menschenrechtsarbeit und Friedensförderung. AHRDO schafft trotz der seit Jahrzehnten andauernden kriegerischen Auseinandersetzungen in Afghanistan Räume vor Ort, an denen Überlebende zusammenkommen, sich erinnern und erfahrenes Leid teilen. Mit *Memory Boxes* bekommen Hinterbliebene beispielsweise die Möglichkeit, Hinterlassenschaften – wie Gegenstände oder Fotos von Menschen, die den Krieg nicht überlebt haben – zu sammeln und auch anderen Menschen zugänglich zu machen. Das Ziel der Memory Boxes ist daher, unterschiedliche Erinnerungen zusammenzubringen. Menschen erfahren so, wie diese gemeinsame Erfahrung des langanhaltenden Konflikts das Leben anderer individuell beeinflusst. Diese Praxis spielt eine wesentliche Rolle für die Selbstorganisierung von Menschen, die von den kriegerischen Auseinandersetzungen betroffen sind. Die Memory Boxes entstehen während eines gemeinsamen Workshops von etwa einer Woche. In dieser Zeit wird Vertrauen zwischen den verschiedenen Menschen aufgebaut und eine Umgebung geschaffen, in der gemeinsam gearbeitet werden kann – mit dem Ziel, mehr Verständnis füreinander aufzubringen.

Zudem geht es bei den Memory Boxes darum, eine Kultur der Straflosigkeit herauszufordern. Ziel ist, eine Öffentlichkeit herzustellen, in der die Verbrechen und das Leid von Menschen auf einer persönlichen Ebene Platz finden und Gerechtigkeit eingefordert werden kann. Die Memory Boxes werden auch an ferneren Orten ausgestellt, um Bewusstsein für die Geschichte der Gewalt und des Leidens zu ermöglichen. Die Memory Boxes über Afghanistan hinaus zu zeigen, kann auch an anderen Orten Räume für die Geschichten von Menschen schaffen, deren Alltag ein gewaltvoller und unsicherer war – oder noch ist. Diese Alltage sichtbar zu machen, ist ein wichtiger Teil, um Frieden und Gerechtigkeit zu schaffen.

▶ medico (2019): *Erinnern in Afghanistan. Die AHRDO-Memory Boxes,* medico.de/erinnern-in-afghanistan-die-ahrdo-memory-boxes-17585

Bitte beachtet bei den folgenden zwei Übungen: Die Auseinandersetzung mit Trauma und Heilung, mit Schmerz, Trauer und Wut, mit Scham, Erniedrigung und Gefühlen sowie mit Erinnerungen, die damit zusammenhängen, braucht in ganz besonderer Weise Räume, in denen Menschen vertrauen können und sich wohlfühlen. Die beiden beschriebenen Übungen sind als zwei Impulse zu verstehen, wie eine Auseinandersetzung damit im Kontext von Transformationsprozessen und in sozialen Bewegungen stattfinden kann. Die kollektive Auseinandersetzung mit Verletzungen, Erfahrungen und Erinnerungen sollte von jeder Gruppe ganz bewusst und sensibel mit allen Beteiligten erfolgen. Die Methode sollte an die Bedürfnisse der Gruppe angepasst sein. Diese Übungen können nicht eine professionelle Auseinandersetzung mit individuellen, traumatisierenden Erlebnissen ersetzen.

Übung 1: Gefühlen Halt geben

Einleitung

Die folgende **körperliche Übung mit Fingergriffen** ist ein hilfreiches Werkzeug, um im täglichen Leben oder Bewegungsalltag Raum für Gefühle und Belastendes zu schaffen. Auch in schwierigen oder herausfordernden Situationen, wenn Tränen, Wut oder Angst aufkommen, können die Finger gehalten werden, um Ruhe, Trost und Fokus zu bringen. Sie kann auch ein Einstieg sein, um in Gruppen mit Emotionen zu arbeiten.

Ablauf

In dieser Übung werdet ihr eingeladen, jeden Finger einer Hand nacheinander mit der anderen Hand für etwa drei bis vier Minuten zu umfassen und euch dabei jeweils auf ein Gefühl zu konzentrieren. Hier die Liste der Finger, Gefühle und Fragen:

Ca. 15-20 Minuten (alleine),
Ca. 30-40 Minuten (zu zweit)

Alleine oder zu zweit

Keins

- *Daumen/Trauer*: Bist du traurig? Woher kommen deine Tränen? Was löst in dir diese Trauer oder Schmerz aus?
- *Zeigefinger/Angst*: Hast du Angst? Wovor? Wie fühlt sich deine Angst an?
- *Mittelfinger/Wut*: Bist du wütend? Worüber? Woher kommt deine Wut? Wo spürst du sie?
- *Ringfinger/Sorgen*: Bist du besorgt? Was macht dir Sorgen? Wie empfindest du sie?
- *Kleiner Finger/Selbstzweifel*: Zweifelst du an dir? Stellst du dich in Frage? Wie fühlt sich das an? Wieso hast du Selbstzweifel?

Haltet einen Finger umfasst und atmet ein paar Mal tief ein und aus. Versucht dabei, euch auf das entsprechende Gefühl zu konzentrieren und in euch hinein zu spüren. Was empfindest du jeweils? Wie stark ist das Gefühl?

Wenn ihr an einem Finger in euch gespürt hab, fokussiert nun das Loslassen. Atmet weiter ruhig, aber konzentriert euch auf die Ausatmung, atmet gern auch durch den offenen Mund aus. Versucht, die belastenden Gefühle nun loszulassen. Ihr könnt sie auch aus dem Finger ausstreichen. Oder ihr stellt euch vor, wie dieses Gefühl durch euren Körper in die Erde fließt. Vielleicht spürt ihr ein Pochen im Finger, während es sich auf den Weg macht.

Variante

Da diese Übung aufwühlend sein kann, ist es auch schön, sie in einem vertrauten Rahmen zu zweit durchzuführen. Je nach Vertrauensgrad könnt ihr auch die Finger einer anderen Person halten und ihr die Fragen laut stellen, während ihr die Finger durchgeht. Die andere Person kann in Stille für sich oder laut der anderen Person die Fragen beantworten. Wechselt danach die Rollen.

Quelle der Übung

Die Übung kommt ursprünglich aus Überlegungen zu körperlichen Energie- und Heilströmen aus der traditionellen japanischen Medizin. Sie wird aber auch unabhängig davon angewandt, um konzentriert in den Körper und in die eigenen Emotionen zu lauschen und mit Bewegung und Körper zu arbeiten. Hier findet ihr sie in unserer Anpassung.

Übung 2: Trauerhügel

Einleitung

Die folgende Übung könnt ihr als **Ritual oder punktuellen Austausch** in eure Gruppenarbeit integrieren. Ihr erschafft gemeinsam einen Hügel der Trauer, mit dem ihr euer Betroffensein über das, was auf der Erde direkt oder indirekt in eurem Lebensumfeld geschieht, persönlich und kollektiv zum Ausdruck bringen könnt.

Je nach Gruppengröße, mindestens 45 Minuten

Idealerweise bis 15 Menschen

Stift und Zettel

Ablauf

1. Spaziergang

"Was ist in unserer Welt bereits verloren oder droht, verloren zu gehen und worum trauerst du/trauert ihr?"

Macht mit dieser Frage im Kopf und im Herzen zunächst alleine einen Spaziergang. Haltet dabei nach Gegenständen Ausschau, die eure Herzen und euer Empfinden ansprechen und etwas Kostbares repräsentieren, was gerade in unserer Welt verloren geht oder schon verloren gegangen ist. Falls es nicht die Möglichkeit gibt, nach draußen zu gehen und einen Spaziergang zu machen, schließt die Augen und begebt euch auf einen imaginären Spaziergang. Schreibt die Gegenstände, die ihr imaginär sammelt, auf ein Blatt Papier. Für diesen kleinen Spaziergang nehmt euch mindestens 15 Minuten Zeit.

2. Trauerhügel aufschütten

Kommt danach alle wieder an einen gemeinsamen Ort zusammen und bildet einen Kreis. Nun könnt ihr in beliebiger Reihenfolge eure Gegenstände oder Symbole in der Mitte des Kreises ablegen und den anderen von dem Verlust erzählen, den ihr mit dem Gegenstand/Symbol verbindet und was dieser Verlust in euch auslöst. Verabschiedet euch jeweils von dem gewählten Gegenstand. Alle aus der Gruppe sind bei jedem Gegenstand, von dem sich die einzelnen aus der Gruppe verabschieden, Zeug*innen des Verlustes und würdigen die Trauer der Einzelnen – gerne auch mit Worten oder Gesten. Allmählich werden die abgelegten Gegenstände/Symbole in der Mitte des Kreises einen kleinen Hügel der Trauer bilden.

3. Ausklang

Zum Abschluss des Rituals ist es empfehlenswert, Paare oder Dreiergruppen zu bilden, um noch einmal, angesichts der Symbole/Gegenstände auf dem Hügel, die Trauer zu teilen, da sein zu lassen und euch gegenseitig aufzufangen. Diesen Moment könnt ihr auch in der gesamten Gruppe gemeinsam verbringen.

Variante

Ihr könnt dieses Ritual auch in regelmäßigen Abständen wiederholen. Vielleicht habt ihr als Gruppe einen Ort, an dem ihr den Trauerhügel bestehen und wachsen lassen könnt? Dieses Ritual kann auch individuell durchgeführt werden, indem Personen ihren persönlichen Trauerhügel erschaffen.

Quelle der Übung

Die Übung haben wir mit leichten Veränderungen übernommen aus: Joanna Macy und Molly Brown (2014): *Für das Leben! Ohne Warum. Ermutigung zu einer spirituell-ökologischen Revolution*. Junfermannverlag, S. 157-158.

Zum Weiterstöbern

- Emilia Roig (2021)*: Why We Matter. Das Ende der Unterdrückung.* Aufbau Verlag, insbesondere Kapitel 11: Das Ende der Unterdrückung, S. 319-370.
- *In our bodies – on the streets*: Einführung, Kurse und Infos zu kollektiver Heilung durch generativ somatics: somatics4activism.noblogs.org/
- *Irresistible*: Podcast über Heilung und soziale Gerechtigkeit mit praktischen Übungen: irresistible.org/
- Lorena Cabnal (2020): *La sanación, un acto feminista emancipatorio*, decolonial.hypotheses.org/2147 [auf Spanisch]
- Staci Haines (2019): *The politics of trauma. Somatics, Healing and Social Justice*. North Atlantic Books.
- Timo Luthmann (2018): *Politisch aktiv sein und bleiben. Handbuch Nachhaltiger Aktivismus*. Unrast.
- Wangari Maathai (2012): *Die Wunden der Schöpfung heilen: Wie wir zu uns selbst finden, wenn wir unsere Erde erneuern*. Herder.

Solidarische Gegen-Hegemonie aufbauen

Die imperiale Lebensweise sitzt fest im Sattel – sie ist hegemonial. Was bedeutet das genau? Auf welche Weise wird die Hegemonie der imperialen Lebensweise stabil gehalten? Welche Rolle spielt Gegen-Hegemonie für Transformation? Und wie können wir emanzipatorische Gegen-Hegemonie von unten aufbauen?

Hegemonie – wieso die zerstörerische Normalität der imperialen Lebensweise normal erscheint

Warum stützen viele Menschen eine imperiale und ausbeuterische Lebensweise, zu der sie nicht gezwungen werden? Der Begriff der *Hegemonie* hilft, diese Frage zu beantworten. Wir verwenden den Begriff in Anlehnung an den italienischen Marxisten Antonio Gramsci. Hegemonie bedeutet, dass herrschende Gruppen, Klassen oder Institutionen in der Lage sind, eigene Interessen als allgemeine, gesellschaftliche Interessen darzustellen und durchzusetzen. Hegemonie meint auch, dass herrschenden Gruppen ihre Vorstellung der Welt, von dem was gut und schlecht ist, als allgemeingültig und alternativlos durchsetzen können. Eine breite Gesellschaft akzeptiert diese Deutung der Welt als Normalität – auch wenn diese Normalität einem solidarischen Zusammenleben entgegensteht oder die Bedürfnisse vieler Menschen nicht befriedigen kann. Die Hegemonie dieser Vorstellungen beruht nicht nur auf Zwang und Gewalt. Sie fußt auch zentral darauf, dass Teile der Gesellschaft diesen Vorstellungen aktiv zustimmen oder sie passiv hinnehmen.

Wir erklären es an einem Beispiel: Die kaum hinterfragte Zielvorstellung einer Vollzeit-Lohnarbeit ist ein gutes Beispiel dafür, wie es herrschende Gruppen geschafft haben, ihre Interessen als die der Allgemeinheit zu verkaufen. Für herrschende Gruppen im Kapitalismus der frühindustrialisierten Länder war es wichtig, dass Menschen einen Großteil ihrer Lebenszeit damit verbrachten, für (möglichst geringen) Lohn anderen ihre Arbeitskraft zur Verfügung zu stellen. Die Ausbeutung von Arbeitskraft war damit ein zentrales Konfliktfeld. Denn Arbeiter*innen waren gezwungen, für die Klasse der Besitzenden zu arbeiten, um über die Runden zu kommen.

Im Laufe des zwanzigsten Jahrhunderts, als in den industrialisierten Ländern die Massenproduktion und auch der Massenkonsum einsetzten, erhielten immer mehr Arbeiter*innen Zugang zu einer Vielfalt an Waren. Dadurch änderte sich der Blick auf Lohnarbeit: Zwar wurden Arbeiter*innen weiter ausgebeutet, doch erschien es vielen nun erstrebenswert zu arbeiten. Denn Lohnarbeit begriffen viele nicht mehr nur als notwendiges Übel, sondern als Eintrittskarte zu dem, was ihnen durch Massenmedien als Gutes Leben verkauft wurde und was vorher nur der kapitalistischen Klasse zugänglich war: Autos, Fernseher, Staubsauger. Verstärkt wurde diese Zustimmung durch Zwangsmechanismen: Eine Vollzeitarbeit ist bis heute für viele Menschen in Niedriglohnberufen nötig, um Miete und Lebenshaltungskosten zu zahlen. Vollzeitarbeit ist zudem der Maßstab aller sozialen Unterstützungsleistung. Wer dem Arbeitsmarkt nicht zur Verfügung steht, hat kaum Chancen auf gesellschaftliche Teilhabe. Wie stark sich die Vorstellung von Vollzeitarbeit als Normalität durchgesetzt hat – also hegemonial geworden ist – zeigt sich nicht zuletzt daran, dass Erwerbslose gesellschaftlich geächtet werden und viele

Menschen eine Vollzeit-Lohnarbeit als persönliche Errungenschaft ansehen.

Die imperiale Lebensweise ist das Ergebnis von jahrzehntelanger Hegemoniebildung, die globale Ausbeutung und ein Leben auf Kosten anderer normalisiert hat. Hegemonie wird auf unterschiedliche Arten hergestellt und abgesichert. Erstens geschieht dies auf der Ebene der Vorstellungen darüber, was Menschen als erstrebenswert empfinden. Die Hegemonie einer bestimmten Vorstellungswelt – also zum Beispiel davon, was das Gute Leben ausmacht – wird abgesichert durch Erzählungen, Vorstellungen und Bilder in Zeitungen, sozialen Medien oder in Kunst und Kultur. Von Klein an lernen Menschen die Normen der imperialen Lebensweise in der Schule oder in Kinderbüchern: Dazu gehört zum Beispiel, dass Menschen in Konkurrenz zueinander stehen; dass es erstrebenswert ist, viele Dinge zu besitzen; dass Mädchen Krankenschwestern werden wollen und Jungen Polizisten. Auf diese Weise wird das geformt, was Gramsci den **Alltagsverstand** – oder *Common Sense* – nennt. Im Alltagsverstand ist Hegemonie ganz zentral verankert.

Zweitens wird die Hegemonie der imperialen Lebensweise durch **physische Infrastrukturen** abgesichert. Wenn beispielsweise Autobahnen gut ausgebaut sind, aber Fahrradwege oder Bahnverbindungen nicht, festigt das die Attraktivität und Normalität des fossilen Verkehrs. Als dritter Stabilisierungsmechanismus wirken **politische und wirtschaftliche Institutionen**. Institutionen wie Zentralbanken, Freihandelsabkommen oder transnationale Unternehmen sichern die Lebensweise ab: über Gesetze, Medien und Gewalt. Auch im alltäglichen Ablauf in Ämtern, Unternehmen, Schulen und anderen Institutionen wird Hegemonie weiter gefestigt.

Das Konzept der imperialen Lebensweise zeigt, dass globale Ungleichheiten nichts Abstraktes sind, stattdessen benennt es Ursachen und Zusammenhänge konkret. Es zeigt auf, dass globale Ungleichheit nicht einfach eine Frage von Lebensstil und individuellen (Konsum)-Entscheidungen ist. Vielmehr hilft das Konzept dabei, zu verstehen, wie übergreifende Strukturen, also Infrastrukturen und Institutionen, mit Alltagsvorstellungen und -handeln zusammenhängen. Einerseits verhindern strukturelle Faktoren, dass sich ein ausbeuterischer Alltag überwinden lässt. Die Strukturen stabilisieren die Hegemonie der imperialen Lebensweise. Dass Menschen alltäglich an der imperialen Lebensweise teilhaben, nach ihren Zielen streben und dabei mithelfen, sie aufrecht zu erhalten, verfestigt andererseits die Hegemonie ausbeuterischer Strukturen. Dieses Verständnis kann uns helfen, herauszufinden, wo wir ansetzen können, um die Hegemonie ins Wanken zu bringen.

Gegen-Hegemonie aufbauen: für eine solidarische Normalität

Damit Transformation gelingt, muss die Hegemonie der imperialen Lebensweise sichtbar gemacht, problematisiert und zurückgedrängt werden. Soziale Bewegungen als Transformationsakteur*innen machen genau das: Sie zeigen auf, wie der Alltagsverstand und materielle Infrastrukturen sowie politische und wirtschaftliche Institutionen die Hegemonie stützen und sie stellen sie infrage, greifen sie an und können sie manchmal sogar überwinden. Soziale Bewegungen setzen sich auch dafür ein, die Hegemonie der imperialen Lebensweise mit solidarischen Lebensweisen zu überwinden. Der systematische Aufbau von emanzipatorischer und solidarischer Gegen-Hegemonie spielt eine zentrale Rolle in unserer Theorie des Wandels.

Wie kann der Aufbau einer solidarischen Gegen-Hegemonie gelingen? Zur besseren Übersicht fassen wir drei zentrale Aspekte zusammen, die wir beim Aufbau von Gegen-Hegemonie auf dem Weg zu Transformation für wichtig halten:

- **Politische Subjekte und kollektive Erfahrungen entstehen**: Menschen zum Handeln zu befähigen, ist eine wichtige Komponente von emanzipatorischer Gegen-Hegemonie. Das bedeutet, uns unserer eigenen politischen Handlungsfähigkeit bewusst zu werden und diese Handlungsfähigkeit mit und in anderen zu wecken. Impulse für Veränderung gehen in der Regel von progressiven Akteur*innen aus – von sozialen Bewegungen, emanzipatorischen Kollektiven oder Gewerkschaften. Doch diese müssen über sich hinaus wirken, um Gegen-Hegemonie aufbauen zu können. Gesellschaftlicher

Wandel kann nicht für die Gesellschaft erfolgen, sondern nur in ihr. Dadurch entstehen gegen-hegemoniale Projekte von unten. Wie gewinnen wir viele Menschen dafür, Teil von transformativen Kämpfen zu werden und sie zu gestalten? Hierbei spielt die Anknüpfung an den alltäglichen Erfahrungen, Vorstellungswelten und Herausforderungen – am Alltagsverstand der Menschen – eine wichtige Rolle (→ Baustein: **ORGANIZING – TRANSFORMATION AUS DEM ALLTAG HERAUS**). Es braucht nicht nur Individuen, die sich ihrer politischen Handlungsfähigkeit bewusst werden, sondern auch kollektive, politische Momente und Erfahrungen und verbindende Projekte, bei denen die Interessen vieler Gehör finden und sich bündeln können (→ Baustein: **KÄMPFE VERBINDEN** und **ZU VERBÜNDETEN UND KOMPLITZ*INNEN WERDEN**).

- **Kritik des Bestehenden und neue Vorstellungen**: Gegen-Hegemonie bedeutet auch, die bestehenden Vorstellungen und Normen der imperialen Lebensweise wirkungsvoll in Frage zu stellen und ins Wanken zu bringen. Und stattdessen andere, mitreißende und überzeugende Ideen in die Welt zu bringen. Dafür ist es wichtig, Menschen außerhalb linker Blasen zu gewinnen und mit solidarischen Erzählungen an ihren Vorstellungswelten und an ihren Alltagserfahrungen anzuknüpfen. Wie es gelingt, Zustimmung zu einer neuen Erzählung eines wünschenswerten Zusammenlebens zu schaffen, haben wir zusammengetragen im → Baustein: **GESCHICHTEN DES WANDELS ERZÄHLEN.**

- **Das Neue muss praktisch werden**: Neue Vorstellungen alleine schaffen noch keine Veränderung. Denn Hegemonie wird durch das alltägliche Leben, in Unternehmen, in staatlichen Institutionen, an Grenzzäunen, in Kitas gefestigt. Was nützt das Reden vom Guten Leben, wenn niemand erfahren kann, dass es machbar ist oder wenn es für Menschen keine erfahrbaren, positiven Veränderungen mit sich bringt? Erst wenn gegen-hegemoniale Vorstellungen von einer solidarischen Gesellschaft auch in der Praxis erfahr- und erlebbar werden, können sie tatsächlich zu transformativem Wandel beitragen, Menschen für sich gewinnen und reale Auswirkungen entfalten. An welchen Stellen und wie solche erfahrbaren Räume einer solidarischen Lebensweise entstehen, steht hier: → Baustein: **SOLIDARISCHE BEZIEHUNGSWEISEN WEBEN.**

Diese drei Aspekte des Aufbaus von Gegen-Hegemonie greifen ineinander, lassen sich nur schwer voneinander getrennt denken und bedingen sich gegenseitig. Es ist hilfreich, sie aufzudröseln, um sich strategisch dem Aufbau von Gegen-Hegemonie aus verschiedenen Blickwinkeln zu nähern. Es gibt vielfältige Wege, die imperiale Lebensweise infrage zu stellen, zurückzudrängen und zu überwinden. Es geht nicht nur um die institutionalisierte Politik, es geht nicht nur um Wahlen oder Massenstreiks, es geht aber auch nicht nur um den Gemeinschaftsgarten, den kollektiven Betrieb oder militante Blockaden. Es braucht für den Aufbau von Gegen-Hegemonie viele Akteur*innen mit verschiedenen Zielen, Mitteln und Ansatzpunkten. Strategien sind notwendig, um zielgerichtet Gegen-Hegemonie aufzubauen und die einzelnen Akteur*innen und ihre Ziele im besten Fall zu neuen, wirkungsvollen Allianzen zu verbinden (→ Baustein: **KEINE MUSS ALLEINE**).

Zum Weiterstöbern

- I.L.A. Kollektiv (2017): *Auf Kosten anderer. Wie die imperiale Lebensweise ein gutes Leben für alle verhindert*. Oekom.
- I.L.A. Kollektiv (2019): *Das Gute Leben für Alle. Wege in die solidarische Lebensweise*. Oekom.
- Johannes Bellermann (2021): *Gramscis politisches Denken. Eine Einführung*. Schmetterling-Verlag.
- Ulrich Brand (2005): *Gegen-Hegemonie als strategische Perspektive*. In: Gegen-Hegemonie. Perspektiven globalisierungskritischer Strategien. VSA, S. 7-14, besonders S. 9-11, vsa-verlag.de/uploads/media/VSA_Brand_Uli_Gegen-Hegemonie.pdf
- Ulrich Brand und Markus Wissen (2017): *Imperiale Lebensweise. Zur Ausbeutung von Mensch und Natur in Zeiten des globalen Kapitalismus*. Oekom.

BAUSTEIN

ORGANIZING – TRANSFORMATION AUS DEM ALLTAG HERAUS

Soziale Bewegungen mit ihren öffentlichkeitswirksamen Kampagnen und Aktionen sind wichtig für den Aufbau von Gegen-Hegemonie. Doch in der breiten Bevölkerung verfangen ihre Anliegen oft nicht. Menschen außerhalb der Bewegungen sehen oft keinen Bezug zu ihrer eigenen Lebensrealität. Dabei sind Strategien für gesellschaftlichen Wandel häufig dann erfolgreich, wenn sie breite aktive Unterstützung erfahren. Denn durch breite Unterstützung wird der politische Preis für Entscheidungsträger*innen, diese Kämpfe zu ignorieren, zu hoch (→ Kapitel: **TRANSFORMATION DURCH ESKALATION?**). Hier knüpfen Gruppen an, die vor allem auf *Organizing* setzen. Sie betonen, dass emanzipatorische Systemveränderung am besten dann erreicht werden kann, wenn das progressive Potenzial der Gesellschaft genutzt und hieraus Transformation organisiert wird. Es geht also darum, nicht Veränderung *für* Gesellschaft erkämpfen zu wollen, sondern *in* ihr.[17]

Organizing zielt darauf ab, durch Basisorganisierung breite politische Gegenmacht zu entwickeln. Es schafft einen Rahmen, in dem sich immer mehr Menschen in politische Prozesse einbringen wollen und können. Idealtypisch gedacht steht Organizing als Transformationsstrategie somit im Gegensatz zu anderen Strategien, die eher auf einen zentralen Kreis von Aktivist*innen und punktuelle Mobilisierung der üblichen Mitstreiter*innen setzen. Viele soziale Bewegungen vermischen Elemente beider Strategien. Ein gutes Beispiel ist das 1960 vornehmlich von Schwarzen Studierenden gegründete *Student Nonviolent Coordinating Committee* (SNCC). Es war eine der wichtigsten Organisationen der Schwarzen Bürgerrechtsbewegung in den USA. Das SNCC erwuchs aus einer Reihe massenhafter Protestaktionen, die zu Beginn von einzelnen Bürgerrechtsaktivist*innen angestoßen wurden, sich aber bald verbreiteten. Neben den erfolgreichen direkten Massenaktionen spielte Organizing eine zentrale Rolle für das SNCC. Es widmete sich intensiv der politischen Organisierung vor allem der jungen Schwarzen Bevölkerung. Das SNCC wurde stark geprägt durch die Schwarze Bürgerrechtlerin Ella Baker. Anders als viele ihrer bekannten Mitstreiter*innen vertrat Ella Baker die Ansicht, dass die Bewegung nicht einzelne starke Führungspersonen brauchte, sondern Strukturen, in denen sich Menschen einbringen, Solidarität erleben und Selbstwirksamkeit erfahren können. Für sie – und für das SNCC – war es wichtig, dass möglichst viele Menschen die Erfahrung machten, dass sie die Welt um sich herum und die Entscheidungen, die ihr Leben betreffen, beeinflussen konnten. Auch heute noch beziehen sich beispielsweise viele *Black Lives Matter*-Aktivist*innen auf Ella Bakers Gedanken zur Organisierung von unten.

17 Frei zitiert nach Kollektiv aus Bremen (2016): Für eine grundlegende Neuausrichtung linksradikaler Politik. Kritik & Perspektiven um Organisierung und revolutionäre Praxis, S. 10, linksunten.indymedia.org/de/system/files/data/2016/05/1578038231.pdf

Organizing-Ansätze gehen davon aus, dass Menschen vor allem dann für gesellschaftlichen Wandel zu gewinnen sind, wenn dieser an ihren Alltagsproblemen ansetzt. Denn solange ein großer Teil der Gesellschaft in der Gegenwart mit hohen Mieten, prekären Jobs oder Diskriminierung zu kämpfen hat, erscheint es als Luxus, sich für eine bessere Zukunft zu engagieren. Mit der abstrakten Vision eines Guten Lebens lassen sich schließlich keine Rechnungen zahlen. Deswegen geht es darum, an konkreten Problemen und deren Ursachen anzusetzen und gleichzeitig diese Alltagsprobleme zu politisieren. Beim Organizing werden Menschen ausgehend von ihren individuellen Ungerechtigkeitserfahrungen oder prekären Situationen motiviert, politisch zu handeln.

Organizing stellt – sehr vereinfacht erklärt – zwei Prinzipien in den Vordergrund: Ernst-Nehmen und Mehr-Werden. Organizer*innen treten nicht mit vorgefertigten Problemanalysen an Menschen heran. Sie nehmen die Sorgen, Ängste und Probleme, die Menschen selbst benennen, ernst. Im zweiten Schritt sollen die Menschen erfahren, dass sie mit ihren Problemen nicht alleine sind. Stattdessen erarbeiten sie gemeinsam Möglichkeiten, wie sie sich kollektiv organisieren können. Es entstehen Momente, in denen Menschen ihre eigene politische Wirksamkeit entwickeln und erfahren. Vereinfacht beschrieben läuft ein Orga-

nizing-Prozess oft nach dem *AHA-Schema* ab: Anger-Hope-Action (auf Deutsch: Wut-Hoffnung-Handeln). Das AHA-Schema wird unten bei der Übung genauer erklärt. Im Laufe der Zeit werden beim Organizing immer mehr Menschen ermächtigt, politische Prozesse zu gestalten. Damit wird Stück für Stück Verantwortung von einem kleinen Kreis von politisch Aktiven auf immer mehr Menschen verteilt. Im Idealfall kommt dadurch eine Basisorganisierung ins Rollen. Wichtig ist, immer wieder zu überprüfen, dass innerhalb des Organizing-Prozesses keine Ausschlüsse und intransparenten Hierarchien entstehen.[18]

Organizing stellt noch keine Garantie für einen systemischen Wandel dar. Das *transformative* Organizing hat genau dieses Ziel. Der Anspruch transformativen Organizings ist es, Brücken zwischen konkreten Alltagsproblemen und langfristigen gesamtgesellschaftlichen Veränderungen zu bauen (→ Baustein: **REALPOLITIK REVOLUTIONÄR GESTALTEN**). Der Ausgangspunkt von emanzipatorischem Wandel ist demnach nicht (nur) Überzeugungsarbeit, sondern geteilte soziale Erfahrungen. Dafür ist es wichtig, dass Menschen durch die Organizing-Praxis in die Situation kommen, ihre individuelle prekäre Lage oder individuelle Betroffenheit mit kollektiven Erfahrungen in Verbindung zu setzen (→ Baustein: **BETROFFENSEIN IN STÄRKE VERWANDELN**). Dadurch kann die politische Erkenntnis heranreifen, dass ihre individuellen Probleme systemische Ursachen haben. Dies geschieht zum Beispiel in kollektiven Austauschrunden, oder indem beim transformativen Organizing ein systemverändernder Horizont beibehalten wird, auch wenn es erstmal um konkrete, erreichbare Schritte geht. In einer Mieter*innengruppe könnte es dann zum Beispiel heißen: „Ja, mein Vermieter war mal wieder ätzend zu mir und da muss jetzt was passieren. Doch das größere Problem, an das wir ranmüssen, ist der profitgetriebene Wohnungsmarkt."

Im Vergleich zu anderen Organizing-Strategien setzt transformatives Organizing daher nicht darauf, soziale Konflikte durch erstrittene Zugeständnisse zu befrieden. Denn solche Einigungen können systemstabilisierend wirken. Stattdessen strebt es danach, den Alltag von Menschen konkret zu verbessern und gleichzeitig Herrschaftssysteme grundlegend zu überwinden. Das könnte zum Beispiel bedeuten: Arbeiter*innen in einer Fabrik schließen sich zusammen, weil einige der Kolleg*innen aufgrund von Sparmaßnahmen entlassen werden sollen. Nach Protesten lenkt der Fabrikbesitzer ein und die Kündigungen werden ausgesetzt. Ein großer Erfolg! Doch bei der Produktion in der Fabrik fallen weiterhin Chemie-Abfälle an, die das Trinkwasser der lokalen Nachbar*innenschaft verschmutzen. Die Arbeiter*innen haben erfahren, dass ihre Organisierung wirksam ist. Als nächsten Schritt protestieren sie gemeinsam mit den Menschen aus der Nachbar*innenschaft der Fabrik dafür, die Produktionslogik – Profite für Wenige zu Lasten von Arbeiter*innen und Nachbar*innen – grundsätzlich umzukrempeln. Sie wollen den Fabrikbetrieb kollektivieren und umstellen – für sichere Jobs und eine gesunde Umwelt.

Organizing-Prozesse scheinen für diejenigen, die an regelmäßige linke Plena in den üblichen Gruppen, mit ihren Abläufen, ihrer Szene-Sprache und ihrem Grundkonsens gewöhnt sind, mühsam und langwierig. Organizing bedarf Übung, Ausdauer und manchmal auch Mut, weniger bekannte Pfade zu betreten. Denn politisch Aktive müssen dabei ihre Blase verlassen, Szenegewohnheiten in Frage stellen und lernen, verständlicher zu werden, nicht aufklärerisch daherzukommen und Widersprüche zu halten. Organizing schult die Fähigkeit, andere Meinungen und Uneindeutigkeiten erst einmal anzunehmen, anzuhören und nicht gleich ablehnend oder verschlossen zu reagieren. Was tun wir mit schwierigen Gesprächssituationen, beispielsweise, wenn Menschen die Schuld für ihre prekäre soziale Lage bei Geflüchteten suchen statt im neoliberalen System? Die *Ella Baker School*

18 Southwest Network for Environmental and Economic Justice (SNEEJ) - Working Group on Globalization and Trade (1996): Jemez Principles for Democratic Organizing, lvejo.org/wp-content/uploads/2015/04/ej-jemez-principles.pdf

of Organising schlägt in einer Einheit zu „transformativen Gesprächen" verschiedene Ideen vor, wie wir mit solchen Situationen umgehen können. Statt direkt das Gespräch zu beenden und über unser Gegenüber zu urteilen, lassen sich beispielsweise über offene Nachfragen die Hintergründe solcher Aussagen herausfinden – und andere Meinungen leichter stehen lassen oder ins Wanken bringen.[19] Es ist oft nicht einfach, die Balance zu finden zwischen Offenheit für andere Meinungen und einer klaren Kante gegen menschenverachtende Überzeugungen. Und je nach eigenen Erfahrungen, kann es auch sehr schmerzhaft sein, solche Gespräche zu führen. Auch Gespräche abzubrechen ist daher ein legitimer Umgang mit solchen Situationen. Es gibt keine theoretischen Antwortschablonen für diese Herausforderung. Sich in einer vertrauensvollen Bezugsgruppe über den Umgang mit solchen Situationen auszutauschen, ist hilfreich. Organizing passiert nicht in der Theorie, sondern in der chaotischen Realität. Es passieren Fehler, Erfolge fühlen sich oft kleinschrittig an. Für Organizing braucht es einen langen Atem. Doch für solidarische Gegen-Hegemonie braucht es die breite Basis der Menschen, die tagtäglich mit dem herrschenden System zu kämpfen haben.

Beispiel: WISO und PAH – solidarisch alltäglichen Ungerechtigkeiten trotzen

Die Initiative *Wilhelmsburg Solidarisch* (WISO) im gleichnamigen Hamburger Stadtteil ist ein offener Anlaufpunkt für Menschen, die sich gegen Stress auf der Arbeit, beim Amt oder mit Vermieter*innen wehren. Die Menschen, die sich bei WISO organisieren, beraten sich bei regelmäßigen offenen Treffen gegenseitig im Umgang mit persönlichen Konflikten, teilen ihre Erfahrungen und ihr Wissen und bilden sich somit gegenseitig weiter. Sie organisieren konkrete Unterstützung. Die Initiative vertritt die Annahme, dass viele Menschen ähnliche respektlose, ungerechte oder beängstigende Erfahrungen machen – und dass es oft erst dann möglich wird, sich dagegen zu wehren, wenn sie sich zusammenschließen und solidarische (emotionale, beratende oder auch finanzielle) Unterstützung erhalten. Es ist ihnen wichtig, diese Konflikte auszutragen, damit sich etwas verändert. „Politische Organisierung ist für uns kein Hobby, das wir uns leisten, sondern eine Selbstverteidigungsmaßnahme", schreiben Menschen, die bei WISO aktiv sind. Und weiter: „So glauben wir, eine breite soziale Basis herstellen zu können, die für eine gesellschaftliche Transformation unabdingbar ist und unter vielen Menschen linke Praxen und Ideen bekannt zu machen – nicht als Theorie oder Lifestyle, sondern als gelebte Renitenz."[20] Wichtig ist der Initiative, dass alle Menschen sich nach ihren Möglichkeiten in die gegenseitige Unterstützung einbringen. Es gibt keine formalen Hierarchien, Entscheidungen werden basisdemokratisch getroffen. Das bestehende Wissen über Abläufe, Verfahrensweisen und Strukturen wird geteilt und angepasst, sodass alle lernen, Aufgaben zu übernehmen, beispielsweise Treffen zu moderieren. Neben der konkreten individuellen Unterstützung in Alltagskonflikten organisiert WISO auch Workshops, um Wissen mit Menschen außerhalb der Initiative zu teilen, und auch direkte, öffentlichkeitswirksame Aktionen, beispielsweise gemeinsame Anreisen aus dem Stadtteil zu Demos und Protestaktionen gegen Verdrängung oder Abschiebungen oder auch Info-Abende. Die Initiative baut auf dem Gedanken auf, dass viele der Alltagsprobleme, die die Menschen bei WISO miteinander teilen, gemeinsame

19 Ella Baker School of Organising: Training and Resources. Transformative Conversations, actionnetwork.org/forms/transformative-converstations
20 Zweiter Mai (2016): Kommt ihr mit in den Alltag? In: arranca #49: Form Follows Function. Eine Frage der Organisierung, archive.arranca.org/ausgabe/49/kommt-ihr-mit-in-den-alltag

strukturelle Gründe haben. Diese lassen sich zwar nicht schnell im Alltag überwinden. Doch wie die Menschen von WISO in ihrer Zielsetzung auf ihrer Website schreiben: „Wandel lässt sich weder wählen noch verordnen. Er entsteht Schritt für Schritt, Tag für Tag".

► Wilhelmsburg Solidarisch: wiso.noblogs.org/

Ähnlich basisdemokratisch und hierarchiefrei organisieren sich in Spanien Menschen im breiten Netzwerk der *Plataformas de Afectados por la Hipoteca* (PAH). Die Bewegung gründete sich 2009 inmitten der Finanzkrise. Menschen und Familien, die von Zwangsräumung bedroht waren, weil sie ihre Hypotheken nicht zahlen konnten, schlossen sich bei einem Aktionstag in Barcelona zusammen, um sich zu wehren. Seitdem ist die PAH auf über 200 lokale Versammlungen angestiegen, in denen Menschen sich zur gegenseitigen Selbsthilfe organisieren, um das Recht auf Wohnraum für sich selbst und für alle durchzusetzen. Wichtig ist für die PAH, dass Betroffene bei den Versammlungen Menschen mit ähnlichen Situationen kennenlernen. Dadurch stellen sie fest, dass ihre Probleme nicht selbstverschuldet sind, sondern strukturelle Ursachen haben – und sie gemeinsam dagegen etwas tun müssen. Die Erfahrungen und das Wissen aus 12 Jahren kollektiver Organisierung teilen die Aktiven der PAH in ihrem Handbuch.

► Rosa-Luxemburg-Stiftung (2021): La PAH. A Handbook. Lessons for collective action from the fight for the right to housing, rosalux.eu/en/article/2045.la-pah-a-handbook.html

Übung: AHA?

Einleitung

Die folgende **Gruppenübung** ist ein **Rollenspiel**. Um herauszufinden, ob und inwiefern Organizing-Ansätze für euch und eure politische Arbeit hilfreich sind, könnt ihr damit experimentieren, ein aktivierendes Gespräch nach dem AHA-Schema zu führen. AHA (Anger-Hope-Action) dient als Kompass beim Organizing.

Ca. 90 Minuten

Mindestens 2 Personen; bei mehr als 10 Personen empfiehlt es sich, die Nachbesprechung in Kleingruppen zu machen

Gesprächsleitfaden ausgedruckt (1x pro Zweiergruppe),
Stift und Zettel, um Gedanken mitzuschreiben

Ablauf

1. Vorbereitung: Das AHA-Schema (15 Minuten)

Lest zunächst gemeinsam das AHA-Schema auf der nächsten Seite durch und klärt, ob es noch Verständnisfragen gibt.

2. Rollenverteilung (15 Minuten)

Lest euch die Situationsbeschreibung und die Rollenbeschreibungen durch. Teilt euch für die Übung in Zweier-Gruppen auf. Verteilt die Rollen und lest dann erneut eure Aufgabe – als Person 1 oder Person 2 – durch und nehmt euch fünf bis zehn Minuten Zeit, um euch in eure Rollen hineinzudenken.

Das AHA-Schema

Anger – Wut: Aktivist*innen sind es gewohnt, Menschen für ihre oftmals fertige politische Problemanalyse zu gewinnen. Anders beim Organizing: Hier sprechen Organizer*innen Menschen an und versuchen, in einem aufmerksamen und durch ehrliches Interesse geprägten Gespräch herauszufinden, wo bei Menschen der Schuh drückt. Die angesprochene Person soll ihrem Ärger Luft machen. Die Organizer*innen nehmen diesen Ärger erst einmal an. Die Problemanalyse kommt also von den betroffenen Menschen selbst.

Hope – Hoffnung: Die Menschen sind wütend. Organizer*innen versuchen nun, den Menschen mit einer klaren Botschaft und einem verständlichen Plan Hoffnung auf Veränderung zu geben oder diesen Plan mit ihnen gemeinsam zu entwickeln. Hierbei betonen die Organizer*innen, dass individuell erfahrene Probleme auch andere Menschen betreffen – und dass sich nur kollektiv etwas verändern lässt.

Action – Handeln: Im Anschluss machen Organizer*innen den betroffenen Menschen klar: Ohne dich kann sich nichts ändern! Organizer*innen überlegen gemeinsam mit den betroffenen Menschen, was sich tun lässt: „Was ist deine Idee, was du tun kannst, um deine Situation zu verändern?" Oder sie präsentieren ihnen direkt konkrete Handlungsangebote: „Wir brauchen dich, mach mit bei der Stadtteilversammlung, komm zum Unterschriften-Sammeln am Sonntag!" Am Ende steht im Idealfall eine konkrete Verabredung, bei der die Menschen zusagen, selbst aktiv zu werden. Hier geht es also ums „Mehr-Werden", denn die Leute werden mit anderen gemeinsam aktiv.

Die Situation: Person 1 versucht auf der Arbeit, an der Uni, in der Nachbar*innenschaft, bei einer Demo oder in einer von euch gewählten Situation ein aktivierendes Gespräch mit Person 2 zu führen. Die Personen kennen sich bislang kaum, Person 2 hat jedoch Interesse an der politischen Arbeit von Person 1 gezeigt. Ziel des Gesprächs ist es, Person 2 für das eigene politische Arbeitsfeld zu aktivieren.

Die Rollen: Eine*r von euch übernimmt die Rolle von Person 1. Überlege dir vorab kurz, was das konkrete Ziel des Gesprächs sein soll. Behalte das AHA-Prinzip im Hinterkopf. Der folgende Leitfaden kann dir bei deinem Gespräch nützlich sein:

1. **Einleitung** (kurz!)

- Beschreib kurz: Wer bist du? Wer ist eure Gruppe? Wieso suchst du das Gespräch?
- Nutz eine verständliche Sprache.

2. Anger – Zuhören (lang!)

- Frag Person 2, wer sie ist, was sie bewegt, was ihre Probleme und Sorgen bezüglich des Politikfeldes sind, für das ihr als Gruppe aktiv seid. Vermeid dabei, eure Problemanalyse vorzugeben.
- Wenn du bei Person 2 Unmut über etwas heraushörst, versuch, diesen weiter hervorzulocken.
- Lass Person 2 selber erzählen und entscheiden, wohin das Gespräch geht. Lenke das Gespräch nur weich.
- Hör aktiv und aufmerksam zu!

3. Hope – Informieren (kurz!)

- Erzähl Person 2, dass auch andere Gesprächspartner*innen dir ähnliche Erfahrungen geschildert haben und dass sie mit ihren Sorgen nicht allein ist.
- Beschreibe kurz, was eure Gruppe zum angesprochenen Problemfeld macht.

4. Action – Nachfragen (länger!)

- Find heraus, wie Person 2 für den richtigen Weg hält, gegen das Problem aktiv zu werden.
- Frag Person 2, was sie selbst gegen das Problem tun kann und wird.

5. Action – Zusage

- Mach Person 2 ein konkretes Angebot zum Aktivwerden.
- Versuch offen, aber bestimmt eine konkrete Zusage von Person 2 zu erwirken.
- Frag Person 2 nach ihren Kontaktdaten, um weiterhin in Kontakt bleiben zu können.

Eine*r von euch übernimmt die Rolle der angesprochenen Person 2.

Überleg dir vorher kurz deine Rolle: Wer bist du? Wie alt bist du? Wo kommst du her? Was macht dich aus? Wo lebst und arbeitest du? Wo drückt der Schuh? Versuche, aus dieser Position heraus, auf das Gesprächsangebot einzugehen. Dazu gehört auch, dass du das Gespräch eventuell abwimmeln willst.

3. Das Gespräch (30 Minuten)

Spielt ein aktivierendes Gespräch durch! Nehmt euch für ein Gespräch maximal 15 Minuten Zeit. Es kann aber auch sein, dass das Gespräch nach zwei Minuten schon vorbei ist.

Tauscht nach dem ersten Gespräch, spätestens nach 15 Minuten, die Gruppen und Rollen durch, sodass alle einmal in beiden Rollen das Rollenspiel erleben konnten.

4. Nachbesprechung (30 Minuten)

Kommt für die Nachbesprechung wieder in der Großgruppe zusammen. Folgende Fragen können die Nachbesprechung leiten:

- Wie erging es euch in Rolle der Person 1? Und in Rolle der Person 2?
- Was hat gut funktioniert? Was hat weniger gut funktioniert? Wie habt ihr euch gefühlt? Was war besonders schwierig, ungewohnt, herausfordernd?
- Nach dieser kurzen Erfahrung, was denkt ihr: Inwiefern ist Organizing für eure politische Arbeit sinnvoll? Wo seht ihr nach dem Rollenspiel Chancen? Wo seht ihr Herausforderungen?

Quelle der Übung

Das Rollenspiel haben wir neu erarbeitet. Der Gesprächsleitfaden ist angelehnt an: Robert Maruschke (2019): *Linkes Organizing. Interview und Arbeitsmaterialien*. Rosa-Luxemburg-Stiftung, rosalux.de/publikation/id/41297/linkes-organizing

Zum Weiterstöbern

- Ella Baker School of Organising: ellabakerorganising.org.uk/resources (praktische Einheiten zu verschiedenen Aspekten von Organizing auf Englisch)
- Eric Mann (2017): *Transformatives Organizing. Ein Handbuch*: 7 Bausteine, 12 Rollen, 16 Fähigkeiten. Neuer ISP Verlag, in Teilen online unter: rosalux.de/fileadmin/rls_uploads/pdfs/Standpunkte/Standpunkte_29-2011.pdf
- Kollektiv aus Bremen (2016): *Für eine grundlegende Neuausrichtung linksradikaler Politik. Kritik & Perspektiven um Organisierung und revolutionäre Praxis*, linksunten.indymedia.org/de/system/files/data/2016/05/1578038231.pdf
- Organisier dich! Eine Plattform für Organizing Nerds und Neueinsteiger*innen: organisier-dich.info (praktische Einheiten zu verschiedenen Aspekten von Organizing auf Deutsch)
- Robert Maruschke, Miriam Pieschke und Rico Rokitte (2019): *Transformative Organizing. Reading the Practice.* Rosa-Luxemburg-Stiftung, rosalux.de/publikation/id/40241/transformative-organizing-reading-the-practice

KÄMPFE VERBINDEN

Umweltverbände setzen sich für den Umweltschutz ein, Gewerkschaften für die Arbeitsrechte ihrer Mitglieder, queerfeministische Gruppen für die Rechte von Frauen und Queers, migrantische Organisationen für die Rechte von Migrant*innen. Thematische Schwerpunkte sind in der Bewegungsarbeit sinnvoll und notwendig, denn es sollen konkrete Probleme adressiert und konkrete Verbesserungen erzielt werden. Da werden Ansprechpersonen gesucht, Zielgruppen definiert, Themen gesetzt und Arbeitspakete geschnürt. Soziale Bewegungen sind oft spezialisiert auf bestimmte Themen und Probleme. Die Spezialisierung geht manchmal mit Professionalisierung einher, deswegen ist teilweise auch von *NGO-isieung* die Rede. Das wird in Verbindung damit gebracht, dass NGOs (dt. NRO = Nicht-Regierungsorganisationen) Widerstand depolitisieren, wenn sie zum Beispiel zunehmend betriebswirtschaftlich organisiert und von privaten Geldgeber*innen abhängig werden.

So wichtig Spezialisierungen in sozialen Bewegungen sind, so wichtig ist es, Kämpfe nicht losgelöst voneinander zu sehen: „Es gibt keinen Kampf um ein einziges Thema, weil wir kein Leben mit nur einem einzigen Thema führen", schrieb die Schwarze lesbische Aktivistin Audre Lorde.[21] Wollen Bewegungen systemische Veränderungen angehen, intersektional handeln und Solidarität üben, dann müssen sie ihre Kämpfe mit denen anderer verbinden. Nur so lässt sich eine gerechte Gesellschaft für alle gestalten.

Viele Aktivist*innen sehen, dass das Verbinden von Kämpfen ein notwendiges strategisches Mittel ist. Doch die realen Belastungen des (Mehrfach-)Aktivismus machen es schwer, das Ziel in die Tat umzusetzen: Menschen an der Basis sind mit ihren Kämpfen oft überlastet und können in vielen Fällen keine zusätzliche Energie und Inspiration in die überthematische Vernetzung stecken. Dabei liegt in dem Austausch mit anderen Aktiven auch eine Quelle für Kraft, praktische Unterstützung und Lernerfahrungen. Anstatt weiter davon auszugehen, dass die Kämpfe „irgendwie zusammengehören", ist es lohnend, in kritisch-konstruktiven Auseinandersetzungen herauszufinden, wie bestimmte Probleme miteinander verknüpft sind. Es muss nicht immer die große, globale Vernetzung sein. Schon eine solidarische Bezugnahme auf andere Gruppen und ihre Kämpfe, eine Auseinandersetzung mit ihren Inhalten oder Soli-Fotos und -Stellungnahmen sind gute Anfänge und eine Grundlage für Vernetzung. Ausgehend von solchen Aktionen, wird es leichter zu konkretisieren, wie alternative und emanzipatorische Bündnisse gedeihen und Kämpfe zu etwas Gemeinsamen verbunden werden können.

21 Im englischen Original: "There is no such thing as a single issue struggle because we do not live single issue lives." Audre Lorde (2007): Learning from the 60s. In: Sister Outsider: Essays & Speeches. Crossing Press, S. 134-144.

Beispiel 1: Unteilbar zusammenstehen

Ein beeindruckendes Beispiel für eine übergreifende und empowernde Vernetzung mit breitenwirksamer Mobilisierung ist das *Unteilbar*-Bündnis. Das Bündnis setzt sich für eine offene und freie Gesellschaft und für Solidarität statt Ausgrenzung ein. Es mobilisierte zwischen 2018 und 2020 mehrere hunderttausend Menschen in verschiedenen deutschen Städten. Die Breite des Bündnisses wird mit Blick auf die unterzeichnenden Organisationen sichtbar: Von *Amnesty International* bis zum *Zentralrat deutscher Sinti und Roma*, von der *Tafel* bis zur *Interventionistischen Linken*. Diese breit angelegte Mobilisierung war vor allem eine Antwort auf rassistische Übergriffe und Demonstrationen in verschiedenen deutschen

Städten 2018. Das Bündnis schreibt: „Die Demonstrationen machten deutlich, dass die Zivilgesellschaft angesichts entsicherter Zeiten, stärker werdendem Hass und politischem Autoritarismus – trotz unterschiedlicher Perspektiven und Ausgangspunkte – zusammensteht. #unteilbar setzt sich für eine solidarische Gesellschaft der Vielen ein – wir kämpfen gemeinsam gegen jegliche Form von gruppenbezogener Menschenfeindlichkeit und Antifeminismus, gegen die Einschränkung von Grund- und Freiheitsrechten, gegen Sozialabbau und Verarmung – für eine offene und freie Gesellschaft."[22]

- ▶ Unteilbar: unteilbar.org

Beispiel 2: Für ein antirassistisches Klima

Ein anderes Beispiel, das gut zeigt, wie Kämpfe miteinander verbunden werden können, ist die Auseinandersetzung der Klimagerechtigkeitsbewegungen mit Kolonialismus und Rassismus – auch in der eigenen Bewegungspraxis. Insbesondere Menschen, die selber Rassismus erfahren, haben sich dafür stark gemacht, dass es Workshops auf Klimacamps, Vernetzungsstrukturen, Interventionen bei politischen Aktionen oder neu geschaffene Räume wie die BIPoC Climate Justice Konferenz Ende 2020 gibt. Diese Formate thematisieren das Lernen vom Globalen Süden, Zusammenhänge zwischen Klimakrise mit Herrschaftsverhältnissen, *weiße* Privilegien und die eigene Verwicklung in ausbeuterische Strukturen. Auch wenn die Klimagerechtigkeitsbewegung hier noch einen weiten Weg zu gehen hat, konnten auf diese Weise doch klimapolitische und antirassistische Aktionen und Prozesse stärker aufeinander bezogen werden.

- ▶ BIPoC Climate Justice Network: bipoclimatejusticenetwork.org
- ▶ Antirassistische Selbstreflexion beim Anti-Kohle-Bündnis Ende Gelände: ende-gelaende.org/antirassistisch-und-solidarisch-aktiv

Übung: Connecting Movements

Einleitung

Die folgende **Reflexionsübung** möchte euch helfen, euch mit euren bisherigen Vernetzungserfahrungen auseinanderzusetzen. Denn Kämpfe verbinden ist schnell gesagt, aber schwer gemacht. Nicht selten machen Bewegungen die Erfahrung, dass Vernetzung mühsam ist und sich in langen Diskussionstreffen verliert, statt in fruchtbarer gemeinsamer Arbeit zu münden. In der Übung geht es daher nicht so sehr darum, wie wir identifizieren, mit welchen anderen Kämpfen wir uns verbinden wollen. Stattdessen wollen wir uns in der Übung darauf konzentrieren, was es für eine funktionierende strategische Vernetzung verschiedener Kämpfe braucht, welche Herausforderungen es gibt und welche Fragen wir uns dafür stellen können.

22 Unteilbar denken – ein öffentlicher Think Tank, unteilbar.org/uber-unteilbar/unteilbar-denken/

Ablauf

1. Stille Reflexion (15 Minuten)

Im Folgenden haben wir Impulse rund um Vernetzung von Kämpfen in drei Bereiche aufgeteilt: strategische Ausgangslage, Struktur und Kultur. Im Kasten auf der nächsten Seite seht ihr eine Liste von Reflexionsfragen und Praxis-Hinweisen zu diesen drei Bereichen. Lest zunächst die Fragen und Hinweise in Stillarbeit und macht euch Gedanken dazu. Folgende Fragen begleiten euch während der Lektüre:

- Was spricht euch an? Was lässt euch an vergangene Vernetzungserfahrungen (positive oder negative) denken?
- Was ist unerwartet oder steht im Gegensatz zu eurem eigenen Ansatz oder eurer gängigen Praxis?
- Eröffnet euch eine Frage neue Zugänge und Gedanken? Wenn ja, welche?
- Woran stört ihr euch?

Notiert euch gern einige Eindrücke zu den Fragen.

Ca. 75 Minuten

2-20

Fragenliste ausgedruckt
Stifte und Notizzettel für Stillarbeit
Moderationskarten und Stifte

2. Austausch zu zweit (30 Minuten)

Kommt danach zu zweit zusammen, um eure Eindrücke zu teilen und zu besprechen. Einigt euch dann auf zwei Fragen oder Gedanken, die ihr beide für eure Gruppe besonders wichtig findet. Schreibt diese zwei Fragen/Gedanken jeweils in Stichworten auf eine Moderationskarte.

3. Austausch in der Großgruppe (30 Minuten)

Kommt zurück in die Gesamtgruppe und tragt reihum eure Gedanken vor und legt dabei die Moderationskarte in der Mitte der Gruppe auf den Boden. Ihr könnt bei der Vorstellung gern auch schon Gedanken und Fragen sortieren, die zusammenpassen. Tauscht euch über die Gedanken der Kleingruppen aus. Was nehmt ihr daraus für eure jetzige und künftige Vernetzungsarbeit mit anderen Kämpfen mit? Überlegt euch, wie ihr die Ergebnisse eurer Gruppendiskussion festhalten könnt, um zu einem späteren Zeitpunkt noch einmal gemeinsam auf euren Diskussionszwischenstand zu schauen. Eine Option ist beispielsweise, ein Diskussionsprotokoll zu schreiben. Eine andere Möglichkeit könnte sein, dass ihr euch gemeinsam auf vier wichtige Punkte aus der Diskussion einigt. Schaut, was für eure Gruppe und Strukturen am besten passt.

Quelle der Übung

Die Übung haben wir neu erarbeitet, inspiriert von folgenden Publikationen:

- Movement Strategy Center (2003): *The Nuts and Bolts of Building an Alliance*, movementstrategy.org/resources/nuts-and-bolts-of-building-an-alliance/
- The Praxis Project (2018): *Building diverse Community based Coalitions*, thepraxisproject.org/resource/building-diverse-community-based-coalitions

1. Strategische Ausgangslage
Wer sich vernetzen will, sollte sich über die eigenen Ziele und Stärken bewusst werden – und von da ausgehend überlegen, mit wem ein stärkeres „Wir" aufgebaut werden soll.

Reflexionsfragen:
- Was sind unsere Stärken, die wir in verbundene Kämpfe einbringen können?
- Was erhoffen wir uns von der Vernetzung mit anderen Kämpfen?
- Wie viel Kapazitäten und Zeit können und wollen wir in Vernetzung einbringen?
- Wen möchten wir erreichen und wie können wir diese Gruppen ansprechen und einbeziehen?

Praxis-Tipps:
Seid ehrlich zueinander über die Motivation und eigene Hintergründe und Ziele der Vernetzung. Es ist ok, dass ihr eure eigenen Interessen habt. Teilt eure Überlegungen, Zweifel und die Chancen, die ihr seht.

2. Struktur
Vernetzung scheitert oft am richtigen Maß an Struktur. Ist es zu wenig Struktur und ist es beispielsweise unklar, wer Entscheidungen trifft oder wer Treffen vorbereitet? Oder zu viel Struktur, die Aktivist*innen mit einer Parallelstruktur zusätzlich zu ihren eigenen Treffen, Aufgaben und so weiter völlig überfrachtet? Eine richtige Balance ist hier zentral.

Reflexionsfragen:
- Welche Strukturen brauchen wir, um gemeinsam stark zu sein?
- Wie treffen wir gemeinsame Entscheidungen?
- Wer übernimmt welche Aufgaben in vernetzten Kämpfen?
- Welche Strukturen helfen uns, mit Konflikten umzugehen?

Praxis-Tipps:
Vernetzung wirkt nicht nur nach außen; nehmt euch ausreichend Zeit, vertrauensvolle Beziehungen miteinander aufzubauen.

Haltet die Balance: Es sollte unterm Strich mehr Energie in die Außenwirkung der Vernetzung fließen als in den Vernetzungsprozess selbst. Ist das nicht der Fall, überdenkt eure Strukturen und Abläufe.

3. Kultur
Die Verbindung von Kämpfen ist letztlich die Verbindung von Menschen, die diese Kämpfe führen. Es geht also darum, vertrauensvolle, gute Beziehungen zwischen verschiedenen Kämpfen aufzubauen. Hierbei spielt auch ein Bewusstsein für die verschiedenen politischen Kulturen sozialer Bewegungen eine Rolle, damit eine gute Atmosphäre der Zusammenarbeit entstehen kann.

Reflexionsfragen:
- Welche Werte teilen wir als vernetzte Kämpfe?
- Welche Beziehungsweisen wollen wir miteinander aufbauen? Wie kommunizieren wir miteinander?
- Wie können wir Vertrauen aufbauen?
- Welche Spannungen entstehen? Wie gehen wir damit um?
- Inwiefern unterscheiden sich die politischen Kulturen unserer Kämpfe? Wie können wir diese zusammenbringen?
- Wie fühlt es sich an, Teil dieser Vernetzung zu sein?
- Welche Verbindlichkeit besteht in der Vernetzung und zwischen den Menschen, die Teil der vernetzten Gruppen sind?

Praxis-Tipps:
Versucht aus dem zu schöpfen, was schon da ist. Es kann eine Chance sein, Netzwerke von Kämpfen rund um bereits bestehende persönliche Beziehungen aufzubauen. Hier ist der Grundstein für einen vertrauensvollen Umgang schon gelegt. Wechselt die Verantwortlichkeit für die Vorbereitung und Durchführung der Vernetzungstreffen, sodass sich in den Treffen verschiedene Gruppengewohnheiten oder politische Kulturen bestimmter Bewegungen widerspiegeln können. So lernt ihr einander besser kennen, könnt Vertrauen aufbauen und eine gemeinsame Kultur entwickeln.

Zum Weiterstöbern

- Alexandra Strickner, Fiona Steinert und Philipp Sonderegger (2021): *Zivilgesellschaftliche Allianzen reloaded.* In: Radio-Projekt „Post-Normal - Wie wir uns die Zukunft denken", freie-radios.online/sendereihe/post-normal
- Steffen Liebig und Kim Lucht (2022): *Fahren wir zusammen? Die öko-soziale Allianz von ver.di und Fridays for Future im ÖPNV*. VSA Verlag.
- Trossenstek Redaktion (2021): *3 Jahre im Schildkrötentempo. Reflexionen der Arbeit von „In welcher Gesellschaft wollen wir leben!?" oder warum Kämpfe verbinden leichter gesagt als getan ist.* In: Trossenstek #0, welche-gesellschaft.org/trossenstek_0/
- Zucker im Tank (2019): *Kämpfe zusammen_führen – Warum Klimawandel kein Ökothema ist*, zuckerimtank.net/wp-content/uploads/2019/08/K%C3%A4mpfe-zusammen_f%C3%BChren_small.pdf

BAUSTEIN

ZU VERBÜNDETEN UND KOMPLIZ*INNEN WERDEN

Wer *weiß*, cis-männlich und heterosexuell ist und aus einem akademischen Haushalt kommt, wird nicht rassistisch beleidigt, erzielt leichter schulische und berufliche Erfolge und findet einfacher eine Wohnung. Wenn ihr also aufgrund der eigenen gesellschaftlichen Position privilegiert seid, seid ihr von vielen gesellschaftlichen Problemen nicht in gleichem Maße negativ betroffen wie andere. Das heißt aber nicht, dass sie euch nichts angehen. Vielleicht macht euch das Leiden anderer betroffen und ihr wollt etwas daran ändern, dass eure Privilegien auf Kosten anderer gehen und euch ein Stück eurer Menschlichkeit nehmen. Die Frage ist dann: Wie könnt ihr solidarisch handeln und zu Verbündeten werden? Als Verbündete (auf Englisch: Ally) seid ihr euch eurer Privilegien bewusst und entscheidet euch, Menschen, die Diskriminierungserfahrungen machen, zu unterstützen und am Abbau von Unterdrückungssystemen mitzuwirken. Privilegierte Menschen profitieren von Unterdrückungssystemen und haben daher auch eine Verantwortung, Kämpfe zur Überwindung der strukturellen Unterdrückung zu unterstützen. Gleichzeitig verspricht die Abschaffung von Unterdrückung ein besseres Leben für alle, auch für privilegierte Menschen. Queer-Aktivist*in und Künstler*in Alok Vaid-Menon antwortet auf die Frage, was mensch tun kann, um die Kämpfe nicht-binärer Menschen zu unterstützen: „Kommt nicht zu mir, weil ihr mich beschützen oder mir helfen wollt. Ich brauche eure Hilfe nicht. Ich habe ein unerschütterliches und unwiderrufliches Bewusstsein darüber, wer ich bin ... Ich möchte, dass wir die Frage umformulieren in: ‚Bist du bereit zu heilen'?"[23] Für die Transformation zu einer befreiten Gesellschaft ist es wichtig, gemeinsam und solidarisch gegen Ungleichheiten und Unterdrückung zu kämpfen (→ Baustein: **BETROFFENSEIN IN STÄRKE VERWANDELN**).

Solidarisches Handeln hat einige Fallstricke. Zu sagen, dass mensch sich an die Seite von Menschen mit Diskriminierungserfahrungen stellt, ist viel einfacher gesagt als tatsächlich ein Ally zu sein. Allyship sollte kein Label sein, das sich schnell wieder ablegen lässt, wenn es aus der Mode kommt. Ein Ally ist nicht in erster Linie etwas, was mensch *ist*, sondern etwas, was mensch *tut*. Es bedeutet, aktiv zu werden und ins Handeln zu kommen. Um diesen Prozess zu unterstützen, haben Aktivist*innen Ratgeber zu *How to be an Ally* verfasst, die unten verlinkt sind. Daraus haben wir folgende Punkte sinngemäß übernommen, die sich in erster Linie an Menschen in privilegierten Positionen richten:

23 Alok Vaid-Menon (2021): The Urgent Need for Compassion. In: Man Enough Podcast, manenough.com/podcast/

1. Check deine Privilegien!

Ein erster Schritt auf dem Weg zum Ally ist, sich der eigenen Privilegien bewusst zu werden und zu verstehen, wie sich diese vorteilhaft in der eigenen Biographie und im Alltag auswirken. Ein intersektionaler Blick (→ Baustein: **INTERSEKTIONAL HANDELN**) auf die eigene Eingebundenheit in Machtverhältnisse hilft dabei, offenzulegen, wie Privilegien und Diskriminierungen in der eigenen Person zusammentreffen. Eigene Privilegien zu erkennen und sich bewusst zu machen, wie diese mit Diskriminierung anderer zusammenhängen, ist ein erster Schritt, um Privilegien zu beseitigen beziehungsweise sie einzusetzen, um Kämpfe marginalisierter Gruppen zu unterstützen. Das Nachdenken über die eigenen Privilegien ist wichtig, darf aber nicht zu einer individuellen Beichte werden.

2. Bilde dich weiter und höre zu!

Es ist deine eigene Verantwortung, dich weiterzubilden und deine Leerstellen zu erkennen. Suche nach Filmen, Videoclips, Büchern, Artikeln und Tweets über die Geschichte und Gegenwart der Kämpfe marginalisierter Communities und achte darauf, welche Rolle die Dominanzgesellschaft in der Aufrechterhaltung von Unterdrückung spielt. Diversifiziere deine Social-Media-Feeds. Du kannst auch an Trainings beispielsweise zu Antirassismus,

Antisemitismus oder Anti-Ableismus teilnehmen, um dich intensiver mit deinen Verstrickungen in Unterdrückungsverhältnissen auseinanderzusetzen. Wenn mensch mit dir über seine*ihre Erfahrungen mit Diskriminierung spricht, dann solltest du aufmerksam zuhören, die Person ernst nehmen und Erfahrungen nicht relativieren oder absprechen.

3. Fehler werden passieren – lerne daraus!

Fehler werden passieren. Wie wir die Welt um uns herum wahrnehmen und wie wir denken, haben wir von klein auf gelernt. Das ist kein Freifahrtschein, um diskriminierendes Verhalten zu entschuldigen. Aber wenn die Angst, etwas falsch zu machen, zu Lähmung führt, ist damit nichts gewonnen. Wenn dich eine Person auf deine Fehler anspricht, versuche, nicht in einen Verteidigungsmodus zu verfallen und Vorwürfe zu entkräften, sondern höre zu und versuche nachzudenken, ob da etwas dran ist und entschuldige dich gegebenenfalls. Wenn du merkst, dass dir etwas Unbehagen bereitet, schiebe es nicht von dir weg, sondern nimm dir Zeit, dich damit auseinanderzusetzen und sieh es als eine Lerngelegenheit und einen Suchprozess.

4. Misch dich ein!

Wenn du im Alltag, in der Schule, an der Uni, am Arbeitsplatz, in der Familie oder in deiner Politgruppe diskriminierende Äußerungen hörst, dann sprich die sich diskrimierend äußernde Person darauf an. Wenn du einen körperlichen oder verbalen Übergriff beobachtest, interveniere mit der Erlaubnis der betroffenen Person und konzentriere dich darauf, sie zu unterstützen, statt auf die angreifende Person einzugehen.

5. Begib dich in Kompliz*innenschaft!

Die eigene Auseinandersetzung mit verinnerlichten Unterdrückungsverhältnissen ist wichtig. Sie allein führt aber noch nicht zu systemischen Veränderungen. Werde daher vom Ally zur*zum Kompliz*in. Schließ dich Gruppen an, die sich gegen Unterdrückung einsetzen, oder trag diese Themen in die Gruppen, in denen du jetzt schon aktiv bist. Frag dich: Siehst du Unterdrückung ausschließlich als Problem für diskriminierte Menschen? Oder siehst du Unterdrückung als Problem für die gesamte Gesellschaft und somit auch für dich? So ist beispielsweise Rassismus in erster Linie ein Problem für BIPoC, die dadurch stark benachteiligt werden oder deswegen Gewalt erfahren. Rassismus ist aber auch ein Problem für *weiße* Menschen, weil sie die Verantwortung für die Aufrechterhaltung von Unterdrückungssystemen tragen und weil Rassismus ihre Empathiefähigkeit einschränkt und Ängste und Schuldgefühle hervorrufen kann.

Überleg also, was du zu gewinnen und verlieren hast, wenn Diskriminierung und Privilegien abgebaut werden, um dir deiner Motivation klarer zu werden. Solidarität ist nicht Charity. Wenn es dir darum geht, anderen zu helfen, aber dich selbst und die Gesellschaft nicht infrage zu stellen, leistest du den Anliegen marginalisierter Gruppen möglicherweise einen Bärendienst. Der gemeinsame Horizont einer befreiten sozial-ökologischen Gesellschaft sollte daher handlungsleitend sein. In den Worten einer Aboriginal-Rights-Aktivist*innen aus Australien: „Wenn du hierher gekommen bist, um mir zu helfen, verschwendest du deine Zeit. Aber wenn du gekommen bist, weil deine Befreiung mit der meinen verbunden ist, dann lass uns zusammenarbeiten." Solidarität als Allyship und Kompliz*innenschaft bedeutet, sich längerfristig und auch in schwierigen Situationen Kämpfen gegen Unterdrückung zu widmen. Als Ally und Kompliz*in lernst du, zu verstehen, welche Rolle du in diesen Kämpfen einnimmst und was sie mit dir und deiner Position in gesellschaftlichen Machtstrukturen zu tun haben.

Beispiel: Wann Allyship erfolgreich ist – und wann nicht

Ein Beispiel für Allyship sind die Sit-in-Proteste der *Disability-Rights-Bewegung*, einer Bewegung von behinderten Menschen, die sich für Gleichberechtigung einsetzen. Während der Sit-in-Proteste im April 1977 in den USA kümmerten sich Mitglieder der antirassistischen Schwarzen Bewegung der Black Panthers mit einer mobilen Küche in den besetzten Regierungsgebäuden um die Essensversorgung der Demonstrant*innen. Die Anerkennung eigener Privilegien ermöglicht Solidarität, auch von Menschen, die in einer Hinsicht privilegiert und in anderer benachteiligt sind (→ Baustein: **INTERSEKTIONAL HANDELN**).

Welche wichtige Rolle Solidarisierung spielt, wenn es darum geht, ob wir soziale Kämpfe gewinnen oder verlieren, zeigen die wilden Streiks migrantischer Arbeiterinnen in den 1970er Jahren. Im August 1973 streikten die Arbeiterinnen beim Neusser Automobilzulieferer Pierburg. Zu der Zeit waren 70 % ausländische Mitarbeiter*innen, der Großteil Frauen. Weil die weiblichen Beschäftigten deutlich weniger verdienten als ihre männlichen Kollegen, traten sie mit der Forderung „1 Mark mehr" in einen unbefristeten Streik. Die sogenannten Gastarbeiterinnen aus Süd- und Südosteuropa traten den Arbeitskampf los und spielten eine zentrale Rolle bei diesem wilden Streik. Arbeitgeber, Politik und Medien versuchten, die Streikenden zu kriminalisieren und einzuschüchtern. Die Polizei ging mit Gewalt und rassistischen Angriffen gegen die streikenden Frauen vor. Als Reaktion auf diese Angriffe kam es zu einer enormen Solidarisierungswelle vonseiten der deutschen Kolleginnen. Zu den insgesamt 1.800 migrantischen Streikenden gesellten sich 400 deutsche Kolleginnen. Gemeinsam legten sie den Betrieb lahm. Der große Druck, der durch die Solidarisierung entstand, war erfolgreich. Die diskriminierende unterste Lohngruppe, der migrantische Frauen angehörten, wurde abgeschafft und gleichzeitig der Lohn für alle Mitarbeiter*innen erhöht.

Wie Allyship nicht geht, ließ sich teilweise bei den *Black Lives Matter*-Protesten beobachten, denen sich auch *weiße* Menschen anschlossen. Vertreter*innen von *Black Lives Matter* kritisierten, dass es nicht damit getan ist, wenn beispielsweise unter dem Hashtag #blackouttuesday *weiße* Menschen einen Tag lang schwarze Kacheln auf ihre Social-Media-Profile als Solidaritätsbekundung stellen. Die Schwarze Bloggerin Latham Thomas bezeichnete dies als „Optical Allyship", bei dem es darum geht, sich anderen gegenüber als Ally zu präsentieren und dafür Beifall zu bekommen, sich darüber hinaus aber nicht für Kämpfe gegen Unterdrückung einzusetzen. Thomas' Antwort: „Show up for life, not for likes!"[24]

- Independence Now. *The Black Panthers and Disability History*, innow.org/2021/02/12/black-panthers/
- Efsun Kızılay 2020: Migration und Arbeitskämpfe. *Ein Blick zurück in die Zeit der «Gastarbeiter*innen» und ihre Kämpfe in der BRD der 1970er Jahre*. Rosa-Luxemburg-Stiftung, rosalux.de/publikation/id/42811/migration-und-arbeitskaempfe
- Black Lives Matter: blacklivesmatter.com/

24 Latham Thomas (2020): *Show up for life, not for likes! Check in on your black friends, y'all*, fb.watch/eoE0YNj6-D/

Übung: Ally Skills üben

Einleitung

Mit dieser **Weiterbildungsübung** erfahrt ihr mehr darüber, wie ihr in verschiedenen Situationen als Ally handeln könnt. In einem zweiten Schritt setzt ihr euch Ziele, um zu üben, als Ally zu handeln.

Ca. 120 Minuten

Min. 2

Internetfähiges Gerät, um Video abzuspielen

Pro Person ein Zettel und Stift

Ablauf

1. Vorbereitung (min. 45 Minuten)

Nehmt euch die Zeit, noch einmal die Liste auf Seite 78 und 79 zu lesen und euch bewusst zu machen, wie ihr Ally Skills entwickeln könnt. Wählt zudem mindestens drei Quellen bei „Zum Weiterstöbern" aus, die ihr jede*r für sich oder gemeinsam lest oder anschaut. Notiert euch Verständnisfragen oder Dinge, die ihr als neu, erhellend, überraschend, bewegend wahrgenommen habt.

2. Nachbesprechung in der Großgruppe (30 Minuten)

Nehmt euch nun Zeit, um Verständnisfragen und Eindrücke aus dem Gelesenen/Gesehenen nachzubesprechen. Was war neu für euch? Was hat euch überrascht? Wie fühlt ihr euch mit dem neu gewonnenen Wissen?

3. Ziele setzen (45 Minuten)

Kommt anschließend in der großen Runde wieder zusammen und teilt eure Erkenntnisse und besprecht gemeinsam, wie Allyship und Kompliz*innenschaft gelingen kann.

4. Ziele setzen (35 Minuten)

Nun überlegt jede*r für sich, in welcher alltäglichen Situation du als Ally handeln könntest. Es kann eine Situation sein, die du erlebt oder beobachtet hast oder eine fiktive Situation, in der eine marginalisierte Person, die nicht du bist, Unterdrückung, Benachteiligung oder Ausgrenzung widerfährt. Schreib die Situation auf (zum Beispiel: beim Familienessen macht eine Person eine rassistische Bemerkung; beim Polit-Plenum wird der Einwand einer queeren Person ständig überhört; im Büro werden Witze über einen Kollegen gemacht, weil er als einziger nicht mit dem Fahrrad zur Arbeit kommt).

Schreib als nächstes 1-3 Arten von Privilegien oder Machtpositionen auf, die du hast und die für die Situation von Bedeutung sind (zum Beispiel: Geschlecht, Körpernorm, hohes Ansehen in der Gruppe oder hohe Position in der informellen Gruppenhierarchie).

Notiere 1-3 mögliche Maßnahmen, die du ergreifen könntest, um auf die von dir geschilderte Situation zu reagieren oder sie zu verhindern.

Notiere 1-3 mögliche Personen oder Ressourcen, die du zu den von dir überlegten Maßnahmen zu Rate ziehen könntest (zum Beispiel: ein*e Freund*in, ein Buch, eine*n Genoss*in, einen Insta-Account).

Findet euch nun zu zweit zusammen. (Oder such in deinem Umfeld eine Person, mit der du dich austauschen möchtest.) Erzähl der anderen Person von deinem Entschluss, in dieser möglichen Situation als Verbündete*r zu handeln, damit diese dich bei deinem Vorsatz unterstützen kann. Verabredet euch, um euch regelmäßig über eure Ally Skills und euer

Handeln als Ally auszutauschen – bezogen auf diese mögliche Situation, aber auch allgemein. Fragen, die euch dabei leiten können, sind: Wie geht es euch in dem Versuch, ein (besserer) Ally zu werden? Welchen Herausforderungen begegnet ihr? Welche Fehler habt ihr gemacht? Wie seid ihr damit umgegangen? Was gibt euch Kraft? Was habt ihr Neues gelernt? Wovor habt ihr Angst? Was bringt euch Freude? Wo seht ihr Veränderung?

Nehmt euch für diesen letzten Teil beim ersten Mal mindestens 20 Minuten Zeit, damit jede Person mindestens 10 Minuten erzählen kann. Hilfreich ist es, wenn ihr euch immer mal wieder Zeit für den Austausch nehmt.

Quelle der Übung

Die Übung haben wir aus bestehendem Material angepasst.

Wir haben diese Übung am letzten Tag der Redaktion noch einmal geändert. Ursprünglich haben wir an dieser Stelle auf einen Video-Workshop verwiesen, der unserer Einschätzung nach gut in die Thematik Allyship einführt. Am letzten Redaktionstag haben wir nach einiger Recherche in den Tiefen des Web-Archivs Hinweise darauf gefunden, dass die sich als feministisch begreifende Autorin des Videos sich unsolidarisch und ausschließend gegenüber queeren Personen geäußert hat und eigene Privilegien genutzt hat, um die Kritik queerer Personen mundtot zu machen. Allyship sieht anders aus! Daher haben wir uns entschlossen, dieser Person an dieser Stelle keine Bühne zu bieten und die Übung auf den letzten Drücker zu verändern. Bitte habt daher Verständnis dafür, dass die Übung an dieser Stelle etwas improvisiert erscheint.

Zum Weiterstöbern

- Guide to Allyship. An open source starter guide to help you become a more thoughtful and effective ally: guidetoallyship.com
- Jakob Sauseng, Diana Prugger und Lorena Kübler (2021): *Allyship in Action. Eine Ressourcensammlung für weiße Verbündete*, uibk.ac.at/ma-gender/downloads/allyship-in-action_online.pdf
- Jamie Utt (2013): *So You Call Yourself an Ally: 10 Things All 'Allies' Need to Know*. In: everyday feminism, everydayfeminism.com/2013/11/things-allies-need-to-know/
- Revolutionary Solidarity (2015): *A Critical Reader for Accomplices*, sproutdistro.com/catalog/zines/anti-oppression/revolutionary-solidarity-reader
- Anna Caterina Helm und Selim Veli (o.J.): Queers, wie können wir gute Verbündete für euch sein?, jetzt.de/querfragen/querfrage-queers-was-macht-gute-allys-aus

BAUSTEIN

Geschichten des Wandels erzählen

Menschen erschließen sich die Welt durch Erzählungen. Eine wichtige Aufgabe transformativer Bewegungen ist es, transformative Erzählungen zu schaffen. Erzählungen von sozialen Bewegungen haben grundsätzlich drei zentrale Funktionen. Erstens legen sie gesellschaftliche Probleme offen und skandalisieren Ungerechtigkeiten. Sie bestimmen die Ursache von Problemen und benennen die Verantwortlichen. Zweitens weisen sie darauf hin, was sich ändern muss und wie das geschehen kann. Sie entwickeln Alternativen zum Status quo, stellen politische Forderungen und verfolgen Ideen, wie diese durchzusetzen sind. Drittens rütteln sie Menschen auf, machen sie wütend auf die herrschenden Zustände und geben ihnen Hoffnung auf Veränderung, wenn sie sich der Bewegung anschließen. Transformative Erzählungen richten sich dementsprechend auf die

systemischen Ursachen für Zerstörung, Ausbeutung und Unterdrückung (→ Baustein: **SYSTEMISCH DENKEN STATT SCHEUKLAPPENBLICK**). Sie entwickeln systemische Alternativen, die wünschenswert, machbar und durchsetzbar sind. Sie kanalisieren die Wut, Enttäuschung und den Schmerz vieler Menschen und machen Hoffnung auf Veränderung.

Gute Erzählungen berühren Menschen, sie lassen das Kopfkino angehen und ziehen in ihren Bann. Gute Erzählungen haben einen mitreißenden Plot, in dem Aktivist*innen die Protagonist*innen sind, die mit ihren Gegner*innen in Konflikte geraten und die sich am Ende durchsetzen oder sich trotz Niederlagen aufrappeln und weiterkämpfen. Eine Erzählung ist überzeugend, wenn ihre Themen für das adressierte Publikum von Bedeutung sind und wenn sie an bestehende kulturelle Werte, Überzeugungen, Metaphern und Mythen wie auch an Alltagserfahrungen anknüpft. Sie sollte also nah am Leben ihres Publikums sein und konkret Dinge benennen. Und schließlich ist es wichtig, dass das Publikum die Erzähler*innen als glaubwürdig einstuft. Das gelingt, wenn die Erzähler*innen die Erzählungen verkörpern, ihre Handlungen mit der Message übereinstimmen und wenn ihre Behauptungen nicht aus der Luft gegriffen scheinen oder als weltfremde Utopien abgetan werden.

Das Besondere an transformativen Erzählungen ist, dass sie möglichst viele emanzipatorische Anliegen aufnehmen und Verbindungen zwischen diesen herstellen. Sie geben verschiedenen emanzipatorischen Kämpfen eine diskursive Klammer. Möglichst breite und inklusive Erzählungen über Gerechtigkeit, Solidarität oder über ein Gutes Leben für alle können eine gemeinsame Sprache anbieten und eine Grundlage für breite transformative Allianzen darstellen (→ Baustein: **KÄMPFE VERBINDEN**).

Transformative Erzählungen werden allerdings nicht am Schreibtisch einiger weniger Geschichtenerzähler*innen entworfen und dann in der Welt verbreitet. Erzählungen sind Teil von Aushandlungen innerhalb und zwischen Bewegungen. Es geht darum, wie Probleme, deren Ursachen und Lösungen definiert, welche Aspekte ein- und ausgeblendet und welche Erzählstrategien verfolgt werden. Erzählungen von Bewegungen sind somit auch Teil von diskursiven Kämpfen. Je umfassender sie Hegemonie und den Status quo infrage stellen, desto stärker provozieren sie Gegenwind von Eliten – und möglicherweise auch von Gegenbewegungen. Diese versuchen mit ihren Gegenerzählungen Angriffspunkte und Schwachstellen in den Bewegungserzählungen auszunutzen, diese zu delegitimieren und ihr gegen-hegemoniales Potenzial zu neutralisieren. Soziale Bewegungen sollten auf die Gegenangriffe vorbereitet sein und Erzählstrategien parat haben, um Delegitimierungsversuche abzuwehren.

Wenn soziale Bewegungen Geschichten erzählen, dann heben sie immer bestimmte Aspekte hervor und blenden andere aus. Dabei laufen sie Gefahr, weniger stark in der Gesellschaft repräsentierte Perspektiven und Themen zu ignorieren. Mit einem machtkritischen Blick auf Erzählungen können wir fragen: Was wird ausgeblendet und unsichtbar gemacht? Wessen Perspektiven finden Einklang in unsere Erzählungen, wessen nicht? Wer kommt als Protagonist*in vor, wer nicht oder nur als Nebenfigur oder passives Opfer? (→ Baustein: **INTERSEKTIONAL HANDELN**)

Beispiel 1: David gegen Goliath in der Kohlegruppe

Ein Beispiel für eine gute Erzählung sind die Anti-Kohle-Kämpfe von *Ende Gelände*. Auf der einen Seite der Antagonist: ein riesiger Konzern, der Klimaverbrechen begeht, um astronomische Profite zu machen, und von Regierungen hofiert und von Polizei durch den Einsatz von Gewaltmitteln geschützt wird. Auf der anderen Seite die Protagonist*innen: Die Aktivist*innen in der Hauptrolle, die nur ihre Körper zur Verfügung haben, um sich der Klimazerstörung in den Weg zu stellen. Sie kämpfen für eine klimagerechte Welt, indem sie für das Gemeinwohl Gesetze überschreiten, Polizeiketten überwinden, in Tagebaue eindringen und gigantische Kohlebagger besetzen. Diese Erzählung von mutig und tapfer für das Gute kämpfenden Underdogs, die beschwerliche Wege auf sich nehmen und mehrere Herausforderungen meistern müssen, um letztendlich eine unbesiegbar scheinende Übermacht ins Wanken zu bringen, ist mitreißend und motivierte viele neue Aktivist*innen an den Aktionen von *Ende Gelände* teilzunehmen.

► Ende Gelände: ende-gelaende.org/

Beispiel 2: Freedom of Movement – gelebte Erzählung

Wenn Erzählung und Aktionsform miteinander in Verbindung stehen, erlangen Erzählungen eine größere Glaubwürdigkeit. Im Jahr 2012 organisierten Geflüchtete einen Protestmarsch zu Fuß von Würzburg nach Berlin, um gegen die Unterbringung in Geflüchtetenlagern, die Residenzpflicht und die Entrechtung von Asylsuchenden aufmerksam zu machen. Die Forderung nach Bewegungsfreiheit und gleichen Rechten wurde mit der großen Ausdauer und Hartnäckigkeit durch die Protestform eines mehrere hunderte Kilometer langen Protestmarschs, bei dem Aktivist*innen sich das Recht auf Bewegung nahmen, untermauert.

Übung: Der Kampf um die Erzählungen

Einleitung

Diese **analytische Gruppenübung** kann euch dabei behilflich sein, wirkungsvollere Erzählungen zu entwickeln. Die Übung geht davon aus, dass ihr schon eine gemeinsame Erzählung habt. Falls das nicht zutrifft, nehmt die Übung zum Anlass, um eure Erzählung zu entwickeln oder euch über diese bewusst zu werden.

Das *Center for Story-Based Strategy* identifiziert fünf Elemente, die eine gute Erzählung ausmachen – auf dieser Basis funktioniert die Übung. Die fünf Elemente sind:

1. der Konflikt, um den sich die Erzählung dreht,
2. die Charaktere und insbesondere die Protagonist*innen und Antagonist*innen,
3. die Bildsprache, also Beschreibungen, Metaphern und Anekdoten,
4. das Foreshadowing, das Hinweise auf den Ausgang der Geschichte gibt,
5. die impliziten Grundannahmen, die der Erzählung zugrunde liegen.

Ablauf

*1. Die Erzählung der Gegner*innen (15 Minuten)*

In einem ersten Schritt analysiert ihr die Erzählungen eurer Gegner*innen. Einigt euch darauf, welche gegnerische Erzählung ihr durchsprechen wollt. Versucht dann, die fünf Elemente der gegnerischen Erzählung zu identifizieren. Füllt dafür die linke Spalte der untenstehenden Tabelle aus. Besprecht dann: Wo finden sich Schwachstellen und Widersprüche in der Erzählung?

Ca. 60 Minuten

Max. 5 Personen, bei größeren Gruppen in Kleingruppen aufteilen

Kopie der Tabelle
Papier und Stifte

	Erzählung eurer Gegner*innen	Eure Erzählung
Konflikt Wo besteht ein Konflikt? Zwischen wem? Um was geht es? Was wird thematisiert? Was wird ausgeblendet?		
Charaktere Wer sind die Erzähler*innen? Wer sind die Protagonist*innen, wer die Antagonist*innen? Wer ist Teil der Erzählungen und wer nicht? Wer spricht für sich selbst und wer nicht?		
Bildsprache Welche Bilder, Metaphern und Anekdoten gibt es? Wie werden bestimmte Werte und Überzeugungen angesprochen?		
Foreshadowing Wie wird angedeutet, was als Nächstes passieren wird? Wie wird der Konflikt aufgelöst? Welche Vision enthält die Erzählung?		
Grundannahmen Welche ungenannten Grundannahmen gibt es? Was muss das Publikum glauben, damit es die Erzählung als glaubwürdig wahrnimmt?		

2. Eure Erzählung (20 Minuten)

Schaut dann auf eure eigene Erzählung! Versucht nun, die fünf Elemente dort zu identifizieren – füllt dafür die rechte Seite der Tabelle aus.

3. Auswertung (25 Minuten)

Jetzt geht's an die Auswertung: Wo hakt es bei eurer Erzählung? An welchen Punkten ist es euch besonders schwer gefallen, die Tabelle auszufüllen? Bei welchen Elementen habt ihr euch gut und ermutigt gefühlt? Gibt es Elemente, bei denen ihr ungute Gefühle gespürt habt? Welche Elemente sind schwer zu transportieren, widersprüchlich oder für Außenstehende nicht so eingängig? An welchen Stellen greift eure Erzählung die Schwachstellen und Widersprüche der gegnerischen Erzählung auf? Hat die Erzählung eine transformative Perspektive (→ Baustein: **REALPOLITIK REVOLUTIONÄR GESTALTEN**)? Wie könnt ihr eure Erzählung gegebenenfalls so verändern, dass sie mehr Resonanz erzeugt?

Wenn ihr in Kleingruppen arbeitet, macht die Auswertung erst in der Kleingruppe und haltet eure Ergebnisse fest. Diskutiert im Anschluss die Ergebnisse in der Großgruppe.

Quelle der Übung

Diese Übung ist mit Anpassungen übernommen aus: Center for Story-Based Strategy: Story-based Strategy 101, storybasedstrategy.org

Zum Weiterstöbern

- Center for Story-Based Strategy (2010): *Re:Imagining Change: How to Use Story-Based Strategy to Win Campaigns, Build Movements, and Change the World*, lp.constantcontactpages.com/su/kijOW06/reimagine1
- Melanie Shell-Weiss (2019): *The Power of Narrative: A Practical Guide to Creating Decolonial, Community-Based Projects*. In: Bernard Nchindila und Trudy Corrigan (Hrsg.): The Essence of Academic Performance. IntechOpen, intechopen.com/chapters/65976
- Stay Grounded (2022): *Kurswechsel Klimagerechtigkeit: Klimakommunikation für eine sichere Landung des Flugverkehrs und einen gerechten Planeten*, robinwood.de/sites/default/files/SG_report_german_Einzelseiten_RZ.pdf

BAUSTEIN

SOLIDARISCHE BEZIEHUNGSWEISEN WEBEN

Kein Mensch ist eine Insel. Immer und überall stehen wir in Beziehung zueinander. Wir stehen in Beziehung zu Menschen um uns herum: unseren Freund*innen, unserer Chefin, unserem Vermieter und unseren Nachbar*innen, und so weiter. Wenn wir Dinge kaufen, stehen wir über den globalen Weltmarkt auch in Beziehungen zu Menschen, die weit weg sind und die wir nie getroffen haben. Wie unsere Beziehungen funktionieren, hängt davon ab, wie Gesellschaft organisiert ist. In einer Gesellschaft, die auf Hierarchie, Ausgrenzung und Konkurrenz basiert, sind unsere Beziehungen häufig eher trennend als verbindend. Beispielsweise wird uns von Beginn an in Schulen Konkurrenz statt Kooperation beigebracht. Es gibt einen Wettbewerb um die besten Noten, es zählen Einzelleistungen und Abschreiben ist verboten. Der Vergleich mit anderen etabliert soziale Hierarchien, die über Über- und Unterlegenheitskategorien funktionieren (→ Baustein: **INTERSEKTIONAL HANDELN**). Das hat nicht nur Auswirkungen auf einzelne Beziehungen, sondern auch darauf, wie Gesellschaft gestaltet ist.

Queerfeminist*innen sagen, dass Beziehungen zentral sind, wenn es um den Aufbau von Gegen-Hegemonie geht. Doch stehen Beziehungen in linken Debatten selten im Fokus. Wenn Kapitalismuskritik geübt wird, wirkt es häufig so, als ginge es um abstrakte Verhältnisse und unpersönliche Strukturen, die nicht viel mit unserem eigenen Zusammenleben zu tun haben und die nur schwer veränderbar scheinen. Durch den Blick auf Beziehungen werde Kapitalismus und das, was schief läuft in der Welt, zwar nicht leichter verständlich, aber leichter veränderbar, so Bini Adamczak.[25] Mit der Perspektive der Beziehungsweisen fällt es leichter, transformativ zu wirken. Es muss nicht erst der Staat gestürzt und der Kapitalismus abgeschafft werden, vielmehr geht es darum, neue solidarische Bande zu knüpfen und gegenseitig unterstützende Beziehungen aufzubauen. Transformation mit einem Fokus auf Beziehungen verschiebt die Perspektive auf die kollektive Praxis. Wir schauen darauf, wie Menschen sich zueinander in Beziehung setzen und Beziehungen gestalten (→ Baustein: **RADIKALE KOLLEKTIVE HEILUNG**). Transformation kann erst dann geschehen, wenn neben dem Widerstand gegen das Alte auch über neue Beziehungsweisen solidarische Zukünfte schon im Hier und Jetzt erfahrbar und erlebbar gemacht werden.

---

25 Bini Adamczak (2017): Beziehungsweise Revolution. Suhrkamp, S. 248.

Wie können wir als Nachbar*innen Beziehungsweisen aufbauen, die von solidarischem Miteinander geprägt sind statt von trennenden Gartenzäunen? Welche Beziehungsweisen bauen Pflegende und Pflegebedürftige zueinander auf, die von gegenseitigem Lernen geprägt sind statt von Abhängigkeiten, die uns das Pflegesystem vorgibt? Welche Beziehungsweisen bauen wir in linken Kontexten zueinander auf, die von Fehlerfreundlichkeit und Empathie geprägt sind statt von in Job und Schule erlernter Konkurrenz und Wettbewerb? Und darüber hinaus: Wie können solidarische Beziehungsweisen auch auf verschiedenen Ebenen gefördert werden, die nicht unmittelbar und physisch erfahrbar sind und doch Teil unserer Lebensweise – wie zum Beispiel zu Arbeiter*innen in globalen Produktionszusammenhängen? Welche Institutionen und Infrastrukturen braucht es dafür?

Beispiele: Klimacamps, Festival of Resistence, Proll-Lesben

Ein Beispiel für das Experimentieren mit neuen Beziehungsweisen sind die *Klimacamps*, die in den letzten Jahren in den Kohlerevieren entstanden sind. Als konkrete Utopien bieten sie auch einen Lernraum, um neue Beziehungsweisen auszuprobieren. Auf Klimacamps wird der Anspruch verfolgt, unabhängig von (Gegen-)Leistung füreinander zu sorgen. Es gibt Küche und Care-Strukturen für alle. Diese Tätigkeiten werden sichtbar gemacht und es wird deutlich, dass sie politisches Engagement und Aktionen des zivilen Ungehorsams erst ermöglichen.

Das *Festival of Resilience* wurde zum ersten Mal im Jahr 2019 von der jüdischen Initiative *Base Berlin* zur Erinnerung an den rechtsterroristischen Anschlag auf eine Synagoge in Halle organisiert. Bei diesem Festival geht es darum, allen Betroffenen rechten Terrors Gehör für ihre Perspektiven zu verschaffen. Das Festival schuf einen Ort, einen Reflexionsraum dafür, was es bedeutet, in einer Gesellschaft verletzlich zu sein. Es ist zudem als Aufbau widerständiger und solidarischer Beziehungsweisen zu verstehen. Durch das gemeinsame Feiern und die damit verbundenen Rituale und Workshops wird der Zusammenhalt zwischen unterschiedlichen Communities, die von rechtem Terror betroffen sind, gestärkt. Die aus dem Kontext des Festivals entstandenen Verbindungen zwischen Menschen und Communities wirken nicht nur stärkend nach innen. Mit dem *Festival of Resilience* wird auch eine Botschaft in die Öffentlichkeit getragen: „Wir verstehen alle, was es bedeutet, ständig bedroht zu sein, und welche Ängste damit verbunden sind. Daher wollen wir uns gegenseitig stärken. Wir werden nicht aufhören zu sein, wer wird sind und wollen dafür sorgen, dass alle so sein können, wie sie sind."[26]

Auch die *Proll-Lesbengruppen* zeigen beispielhaft, wie andere, solidarische Beziehungsweisen dadurch entstehen, dass Menschen mit ähnlichen Ungerechtigkeitserfahrungen sich zusammentun. Die selbstorganisierten *Proll-Lesbengruppen* gründeten sich Ende der achtziger und Anfang der neunziger Jahre um anti-klassistisch in die damalige Frauen- und Lesbenbewegung der BRD zu intervenieren. In den Kleingruppen ging es auch um Erfahrungsaustausch über armutsbezogene und klassenspezifische Diskriminierungserfahrungen im lesbisch-feministischen Bewegungskontext (→ Baustein: **INTERSEKTIONAL HANDELN**). Die Gruppen unterzogen den lesbisch-feministischen Bewegungsalltag einer kritischen Analyse und erteilten bürgerlichen Normen eine Absage. Durch diesen Erfahrungsaustausch entstanden kollektive Prozesse der Organisierung, Politisierung und des Kümmerns. So richteten in der Bewegung Aktive beispielsweise ein Umverteilungskonto ein, auf das Lesben mit mehr Geld einzahlten und von dem Lesben mit weniger Geld anonym Geld abheben konnten. Dadurch begegneten die Gruppen den ungleichen strukturellen Voraussetzungen der politischen Organisierung.

- Festival of Resilience: basehillel.de/programs/festival-of-resilience
- Digitales Deutsches Frauenarchiv: Über die Proll-Lesbengruppen, digitales-deutsches-frauenarchiv.de/akteurinnen/die-proll-lesbengruppen

Übung: Beziehungsweisen transformieren

Einleitung

Neue Beziehungsweisen aufzubauen, braucht Zeit. Deswegen handelt es sich hier nicht um eine klassische Übung. Wir regen euch an, in eurer Gruppe immer wieder über die unten stehenden **Reflexionsfragen** in einen **Austausch** zu kommen. Die Fragen können einen Prozess begleiten, bei dem ihr neue Beziehungsweisen ausprobiert, erlernt und reflektiert.

26 Rebecca Blady (2021): Mit solidarischer Perspektive gegen rechtsextremen Terror, belltower.news/festival-of-resilience-mit-solidarischer-perspektive-gegen-rechtsextremen-terror-121463/

Fortlaufender Prozess, für den sich die Gruppe idealerweise immer wieder aktiv Zeit nimmt

Sowohl alleine als auch in der Gruppe durchführbar

Stift und Papier für alle Beteiligten
Große Papierbögen, um gemeinsame Punkte oder Verabredungen festzuhalten (optional)

Die Auseinandersetzung und Reflexion mit alltäglichen Beziehungsweisen hat nicht zum Ziel, in erster Linie netter zueinander zu sein. Ein Ergebnis solcher Reflexionsprozesse kann auch bewusst gewählte Distanz sein und muss nicht zwangsläufig zu engen Beziehungen führen. Es geht darum, die Kontakte, die unseren Alltag oder unser Zusammensein prägen, wahrzunehmen. Dabei wollen wir erkennen, durch welche Merkmale diese Beziehungen geprägt sind, wo Ursachen dafür liegen und der Frage nachgehen, wie sie veränderbar sind sowie welche Rolle sie für strategische, transformative Gesellschaftsprozesse spielen.

Ablauf

Stellt euch nacheinander folgende Fragen und nehmt euch zunächst Ruhe und Zeit, euch Gedanken dazu zu machen. Tauscht euch dann über eure jeweiligen Gedanken in Kleingruppen oder in der Gesamtgruppe aus.

- Durch welche Merkmale sind Beziehungen in eurer Gruppe geprägt (beispielsweise: Anerkennung, Wertschätzung, Wettbewerb, Hierarchien, (Un)geduld, Fürsorge, Körperlichkeit, Distanz und so weiter)?
- Welche Erfahrungen gibt es innerhalb eurer Gruppe mit bestärkenden/motivierenden/vertrauten/wertschätzenden Kontakten und Beziehungen? Wo finden diese statt? Wo und wodurch erlebt ihr diese Kontakte?
- Könnt ihr euch an Momente in eurer Gruppe erinnern, wo ihr den Kontakt miteinander und die Beziehungen innerhalb der Gruppe als belastend/verletzend/unsolidarisch wahrgenommen habt? Wie war die Situation? Wie seid ihr und wie ist die Gruppe damit umgegangen?
- Welche Rolle spielen eure sozialen Positionierungen und eure unterschiedlichen Erfahrungen von Privilegien und Diskriminierung, wenn ihr in der Gruppe in Kontakt mit anderen seid?
- Wie könnte der Umgang miteinander in eurer Gruppe noch anders gestaltet werden? Wie könnte es aussehen, andere Beziehungsweisen auszuprobieren? Worauf wärt ihr neugierig?
- Welche Elemente habt ihr in eurer Gruppe, um zwischenmenschlichen Beziehungen Zeit einzuräumen? Habt ihr Ideen? Was würdet ihr gerne ausprobieren? Wovor habt ihr Angst oder Sorgen?
- Wenn ihr schon im Prozess seid: Wie fühlt es sich an, sich auf andere Art miteinander in Beziehung zu setzen, beispielsweise aktiver zuzuhören, neugierig zu sein, fehlerfreundlich zu sein, fragend und nicht wissend da zu sein, mehr zu staunen, sich zu verbinden, Lasten zu teilen? Was fühlt sich wie anders an? Wodurch merkt ihr das? Wie könnt ihr mit anderen darüber ins Gespräch kommen? Wieso ist manche Veränderung so schwierig?
- Welche Beziehungsweisen habt ihr als Gruppe mit anderen Menschen und Gruppen? Wodurch sind diese geprägt? (Abgrenzung/Konkurrenz/Solidarität/Fürsorge/Bevormundung/Hierarchie/Vertrautheit/…)

Verabredet einen lockeren Rhythmus, um euch Zeit einzuräumen für diese Fragen. Verabredet gerne auch Rituale und Mechanismen für eure Gruppe, mithilfe derer ihr euch Räume für andere Beziehungsweisen schaffen könnt. Erprobt diese in einem abgesprochenen Zeitraum und kommt darüber immer wieder ins Gespräch und nehmt euch bewusst Zeit für diesen Austausch. Was verändert sich in eurem Kontakt zueinander? Was daran möchtet ihr festigen, beibehalten oder wieder verwerfen? Ein einfaches Beispiel für solche Rituale ist es, gemeinsame Treffen mit Check-in-Runden zu beginnen, in denen alle Beteiligten erzählen können, wie sie gerade beim Treffen ankommen und da sind. Treffen können auch mit Check-out-Runden geschlossen werden, in denen Beteiligte sagen, wie sie nun wieder aus dem Treffen herausgehen und sich fühlen. Mit diesem einfachen Mittel könnt ihr einen gemeinsamen Ein- und Ausstieg finden. Ein anderes Beispiel ist es, Räume dafür einzuplanen, dass ihr euch darüber austauschen könnt, was euch die Teilnahme an Gruppentreffen erschwert (Sorge-Verpflichtungen, Geld für Anreise, Krankheiten, körperliche oder psychische Erschöpfung, ...). Statt darüber zu meckern, dass mal wieder so wenig Menschen beim Plenum erschienen sind, könnt ihr so gemeinsame Lösungen finden, um Lasten zu teilen – und nehmt Menschen die Belastung, proaktiv um Hilfe bitten zu müssen.

Quelle der Übung

Die Übung haben wir neu erarbeitet.

Zum Weiterstöbern

- Bini Adamczak und arranca-Redaktion (2021): *Bewegung und Ziel. Revolutionen, Machtfragen und Beziehungsweisen.* In: arranca, 55, arranca.org/ausgaben/ein-drittel-heizöl-zwei-drittel-benzin/bewegung-und-ziel
- Emilia Roig (2021): *Why we matter. Das Ende der Unterdrückung*. Aufbau Verlag.
- Eva von Redecker (2020): *Revolution für das Leben.* Fischer.
- Ende Gelände – Podcast (2020): *Beziehungsweise Revolution – in Theorie und Praxis*. Folge 18, open.audio/library/tracks/90320
- Hast du Alles? – Podcast (2022): *Support-Systeme als Politische Praxis*, hast-du-alles.podigee.io/7-support-systeme

BAUSTEIN

KEINE MUSS ALLEINE

Sollten wir autonome Gesundheitszentren aufbauen, in Ausschüssen für bessere Pflegepolitik lobbyieren oder das Gesundheitsministerium besetzen? Egal ob im Gesundheitsbereich oder in anderen Transformationsfeldern, soziale Bewegungen streiten oft über den besten Weg, um das gemeinsame Ziel zu erreichen. Doch um erfolgreich Gegen-Hegemonie aufzubauen, braucht es nicht ein Entweder-oder, sondern ein Sowohl-als-auch. Keine Gruppe und erst recht keine Einzelperson muss dabei alle Wege der Transformation auf einmal bewältigen.

Vieles spricht für eine Art *strategischen Pluralismus*: Solange sie auf ein ähnliches Ziel hinsteuern, können sich die Akteur*innen mit verschiedenen Strategien gegenseitig unterstützen und die Arbeit der anderen kritisch-solidarisch begleiten. Hierfür ist es nützlich, sich einen guten Überblick darüber zu verschaffen, wer und wie auf ähnliche Ziele hinwirkt. Das ist ein erster Schritt für eine kluge Aufgabenverteilung und solidarische Bündnisse. Dies wollen wir in diesem Baustein mit der unten stehenden Matrix handhabbar machen. In der Matrix kombinieren wir Strategien und Hebelpunkte der Transformation. Dadurch wird sichtbar, wie viele Akteur*innen an Umwälzungen und Kämpfen für gesellschaftlichen Wandel beteiligt sind. Das verdeutlicht die unterschiedlichen Wege zu einem gemeinsamen Ziel und dass wirklich keine Person und keine Politgruppe alles alleine machen kann und muss.

Für einen solchen Überblick kann es sinnvoll sein, die Ansatzpunkte sozialer Bewegungen zu systematisieren. Zu möglichen Systematisierungen haben viele Menschen unterschiedliche Meinungen. Im Kapitel → **WIE KOMMT DER WANDEL IN DIE WELT?** diskutieren wir die Einteilung des Transformationsforschers Erik Olin Wright nach Logiken: Transformation durch Brüche, durch Nischen und durch Institutionen. Eine hiervon inspirierte Perspektive auf Strategien, die Überlegungen zur imperialen Lebensweise miteinbezieht, beschreiben wir in unserem Buch „Das Gute Leben für Alle“. Die Strategien zielen dabei immer auf das Schaffen und die Absicherung solidarischer Gegen-Hegemonie (→ Kapitel: **SOLIDARISCHE GEGEN-HEGEMONIE AUFBAUEN**).

- Erstens geht es um Abwehrkämpfe und das Zurückdrängen der imperialen Lebensweise: Es wird verhindert, dass sich die imperiale Lebensweise weiter ausbreitet und intensiviert – zum Beispiel durch Proteste gegen die Ausweitung des Kohletagebaus oder für die Abschaffung rassistischer Polizeikontrollen.
- Zweitens besteht eine wichtige Strategie im Ausweiten solidarischer Lebensweisen: Neue Beziehungsweisen und solidarische Formen des Zusammenlebens und Wirtschaftens entstehen durch Experimente. Diese vielfältigen solidarischen Ideen, Praktiken, Räume und Bündnisse gewinnen an Sichtbarkeit und Einfluss, werden weiterentwickelt und in alle Lebensbereichen ausgeweitet – zum Beispiel durch Netzwerke solidarischer Landwirtschafts- oder Wohninitiativen.

- Drittens ist es notwendig, solidarische Lebensweise gegen ihre Rücknahme abzusichern. Dies geschieht beispielsweise durch neue Infrastrukturen, Gesetze oder Institutionen, die wiederum Pfadabhängigkeiten schaffen. Solidarische Alternativen – wie der Ausbau von Kitas oder die Etablierung sicherer Radwege – werden dadurch alltäglich erfahrbar und vertraut.

Bei Transformationen, wie wir sie hier im Buch verstehen, geht es um umfassende und radikale Veränderungen unserer Lebensweise (und nicht unseres Lebens*stils*). Wir zielen also auf die Strukturen ab. Es ist daher sinnvoll, uns die Festigungsmechanismen zu vergegenwärtigen, über die die imperiale Lebensweise als konkreter Ausdruck kapitalistischer Verhältnisse stabil wird. Diese sind gleichzeitig auch die Hebelpunkte für solidarische Gegen-Hegemonie. Wie wir im Kapitel → **SOLIDARISCHE GEGEN-HEGEMONIE AUFBAUEN** ausgeführt haben, können wir hier drei Ebenen unterscheiden:

- Alltagspraktiken
- Physische Infrastrukturen
- Politische und wirtschaftliche Institutionen

Die Strategie-Matrix ermöglicht einen Überblick über Akteur*innen und deren Aktionen in einem politischen Handlungsfeld. Sie umfasst zwei Dimensionen: Die gewählten Strategien (in den Spalten) einerseits und Hebelpunkte, an denen deren Veränderung ansetzt, andererseits (in den Zeilen). Transformation ist ein chaotischer Prozess, ein starres Raster kann nicht die ganze Komplexität des Unterfangens erfassen. Das ist auch nicht der Anspruch dieser Matrix. Doch wir haben die Erfahrung gemacht, dass es für Gruppen in sozialen Bewegungen hilfreich sein kann, die Matrix zu nutzen, um die Bandbreite an strategischen Ansätzen und Bündnispartner*innen zu überblicken, Lücken zu identifizieren und den eigenen strategischen Ansatz zu schärfen.

	Imperiale Lebensweise abwehren und zurückdrängen	Solidarische Lebensweise ausweiten	Solidarische Lebensweise absichern
Alltagspraktiken, Wissen, Wünsche			
Materielle Infrastrukturen			
Politische und wirtschaftliche Institutionen			

Beispiel: Auf vielen Wegen in die fahrradfreundliche Stadt

Während des Lockdowns in der Corona-Pandemie gab es im Jahr 2020 sichtbare Brüche im Mobilitätsverhalten. Die autoleeren Straßen sind wohl vielen noch in lebendiger Erinnerung. In zahlreichen Städten wurden relativ schnell Pop-Up-Radstraßen eingeführt, um sichere und gesunde Fortbewegung für alle zu ermöglichen. Straßen, die vorher dem Autoverkehr vorbehalten waren, wurden von Anwohner*innen kurzerhand als Rad- und Gehweg, Begegnungszone oder Leinwand für Kreide-Kunstwerke umgenutzt. Mancherorts malten Aktivist*innen die Radwege selbst auf die Straße und verdrängten damit den Autoverkehr. Gleichzeitig verstetigte sich der umfassende Ausbau der Radwegenetze. Fußgänger*innenzonen und Fahrradstraßen wurden als Modellprojekte vielerorts etabliert. Erfolgreiche Radentscheide in 52 deutschen Städten sorgten dafür, dass diese auf lange Zeiträume ausgeweitet werden können (Stand: Juni 2022). So wurden auf städtischer Ebene materielle Infrastrukturen, die eine klimaneutrale Fortbewegung ermöglichen, abgesichert. Dadurch konnte sich nicht nur das individuelle Alltagsverhalten verändern, sondern dadurch wurden neue Mobilitätsformen auch leichter vorstellbar und attraktiver. An diesen Beispielen wird das Zusammenspiel verschiedener Transformations-Akteur*innen sichtbar, die unterschiedliche Strategien gewinnbringend miteinander verflochten haben — von progressiven Kräften in der Verwaltung bis zu gut vernetzten politischen Initiativen.

▶ BundesRad, Bündnis lokaler Radentscheide und anderer Verkehrswende-Initiativen: bundesrad.org

Übung: Strategie-Matrix

Einleitung

Die folgende **analytische Gruppenübung** mit der **Strategie-Matrix** erlaubt es euch, eine Systematisierung von Akteur*innen und Verbündete in einem Handlungsfeld zu erarbeiten. Das Mapping, das in der Strategie-Matrix-Übung entsteht, steht unter dem Motto: „Keine*r muss alles alleine machen". Anhand der Übung wird deutlich, dass verschiedene Akteur*innen ähnliche Ziele mit ganz unterschiedlichen Strategien verfolgen – und dass das gut ist. Vor allem soll die Methode von dem belastenden Gefühl befreien, alles selbst machen zu müssen. Die Übung soll deutlich machen, wie sich unterschiedliche Strategien sinnvoll ergänzen oder sogar verflechten lassen. Es werden in der Gesamtschau nicht nur Konstellationen und potentielle Bündnisse sichtbar: Ihr könnt auch feststellen, wo bislang Leerstellen sind, die genauere Betrachtung verdienen. Die Methode eignet sich auch für Netzwerk- und Bündnistreffen.

Ablauf

1. Das Feld eingrenzen (10 Minuten)

Legt fest, über welches Thema ihr sprechen wollt. Schreibt dazu euer politisches Ziel so konkret wie möglich auf: So ist beispielsweise „Mobilitätswende" zu unspezifisch, viel klarer ist das Ziel „Umbau des Stadtverkehrs in Richtung ÖPNV und Radverkehr". Außerdem solltet ihr euch auf einen Aktionsraum festlegen, zum Beispiel die Stadt Dresden. Seid auch hier so konkret wie möglich. Es ist sinnvoll, ein Feld zu wählen, das ihr kennt und in dem ihr strategisch vorankommen wollt.

*2. Akteur*innen sammeln (20 Minuten)*

Sammelt alle Akteur*innen, die momentan zu dem politischen Ziel in eurem ausgewählten Raum aktiv sind. Schreibt den Name auf eine Moderationskarte und dazu in Stichworten, was sie tun, zum Beispiel „Orgagruppe Radentscheid: Stimmensammlung für Bürgerbegehren für bessere Radwege“ oder „Umweltjugendgruppe: Kreideaktion für Fahrradstraßen“.

Ca. 90 Minuten

Max. 10 Personen, bei größeren Gruppen in Kleingruppen aufteilen

Große Papierbögen
Moderationskarten
Stifte
Kreide oder Klebeband

*3. Mapping der Akteur*innen (20 Minuten)*

Wendet euch nun der Matrix zu: Malt sie beispielsweise mit Kreide auf den Boden oder erschafft sie aus Klebeband an der Wand. Versucht reihum die Karten in der Matrix zu platzieren. Das geht auch flexibel zwischen den Achsen. Sind Strategien nicht nur auf einer Ebene wirksam, sondern reichen in verschiedene Ebenen hinein, dann platziert sie in mehreren oder zwischen Feldern. Kommentiert und diskutiert jeweils kurz die Position. Denkt dabei daran: Die Position muss nicht endgültig sein und kann sich während des Legens auch noch verändern. Wenn ihr bei der Positionierung einer Akteur*in unentschieden seid, könnt ihr auch nach Aktionsform der Gruppe unterscheiden, zum Beispiel entsteht dann neben der obigen Karte auch noch die Karte „Orgagruppe Radentscheid: Lobbyarbeit bei Fraktionen im Stadtrat“. Wichtig: Verliert euch nicht zu lange in Diskussionen über einzelne Karten!

4. Wo stehen wir? (15 Minuten)

Wenn ihr alle Karten platziert habt, schaut euch die Gesamtmatrix an: An welcher Stelle positioniert ihr euch selbst? Wo bestehen enge Beziehungen und Zusammenarbeit zwischen der eigenen und den genannten Gruppen? Wo gibt es vielleicht auch Rivalität und Konflikt? Markiert diese Beziehungen und Verbindungen gern mit Kreidelinien.

5. Auswertung (25 Minuten)

Jetzt geht es an die Auswertung: Wo seht ihr Leerstellen? Wo könnt ihr neue Bündnisse herstellen oder bestehende Bündnisse stärken (→ Baustein: **KÄMPFE VERBINDEN**)? Hat sich durch das Mapping euer Blick auf bestimmte andere Akteur*innen und ihre Aktionsformen verändert? Diskutiert gemeinsam, an welchen Stellen die Pluralität an Ebenen, Strategien und Aktionsformen Sinn macht und an welchen Stellen ihr sie nicht für zielführend oder kontraproduktiv haltet. Wie möchtet ihr mit den Erkenntnissen aus dem Matrix-Mapping für eure Strategieplanung weitermachen? Haltet Ergebnisse fest und überlegt, was darauf aufbauend nächste Schritte sein könnten.

Quelle der Übung

Die Übung entstand im Rahmen der Bildungsarbeit des I.L.A. Kollektivs.

Zum Weiterstöbern

- Erik Olin Wright (2017): *Reale Utopien: Wege aus dem Kapitalismus.* Suhrkamp.
- ILA-Kollektiv (2019): *Transformation. Aufbruch in eine solidarische Zukunft.* In: Das Gute Leben für alle. Wege in eine solidarische Lebensweise. Oekom, S. 77-89.
- Movement Strategy Center (2016): *The Practices of Transformative Movement Building*, movementstrategy.org/wp-content/uploads/2021/11/The-Practices-of-Transformative-Movement-Building-1.pdf

Gegen-Hegemonie und Staat

Transformation geschieht nicht im luftleeren Raum. Staatliche Strukturen spielen eine wichtige Rolle für gesellschaftlichen Wandel – genauso wie für den Erhalt des Status quo. Wie gehen wir mit dem Staat um? Wie kann ein strategischer und auch differenzierter Umgang mit staatlichen Strukturen aussehen?

Wenn wir über Hegemonie nachdenken, kommen wir nicht um den Staat herum. Aber was ist das genau, der Staat? Zum Staat gehören staatliche Institutionen, wie Parlamente und Ämter, aber auch die Menschen in diesen Institutionen, wie Verwaltungsangestellte, Polizist*innen und Politiker*innen. Zum Staat gehören nicht zuletzt auch Regeln, zum Beispiel welche Währung wo gültig ist und dass du wegen Fahrens ohne Ticket ins Gefängnis kommen kannst. Ständig und überall kommen wir mit staatlichen Strukturen in Berührung: nicht nur auf Ämtern und in Gerichten, sondern eben auch im Alltag. So musst du bei Rot halten, aufgrund der Schulpflicht kannst du nicht einfach ausschlafen und der*die Nachbar*in darf nicht ohne Erlaubnis in deine Wohnung kommen. Zugleich gibt es Menschen, die öfter mit der übergriffigen Seite von Staatlichkeit konfrontiert sind als andere, beispielsweise wenn die Polizei sie aufgrund ihres Aussehens kontrolliert. Staatliche Strukturen sind ein zentraler Baustein davon, wie wir die Welt sehen und wie Gesellschaft funktioniert – sie sind ein einflussreicher Teil von Hegemonie.
Wenn wir über Transformation und Gegen-Hegemonie nachdenken, ist es deswegen wichtig, den Staat in den Blick zu nehmen. Denn wenn wir den Staat im Kontext von Transformation ignorieren, riskieren wir, nicht über Veränderungen in Nischen hinaus zu kommen. Für soziale Bewegungen, die für ein Gutes Leben für alle kämpfen, ist es also eine Gretchenfrage: Wie hältst du's mit dem Staat? Wenn wir Strategien zum Umgang mit Staat und Staatlichkeit entwickeln wollen, müssen wir uns erstmal bewusstmachen, was eigentlich unser Staatsverständnis ist und über welche Ebenen und konkreten Elemente von Staatlichkeit wir sprechen. Außerdem hängt das Verhältnis zum Staat oftmals auch davon ab, welche Erfahrung Menschen im Privaten, aber auch im Politischen mit staatlichen Strukturen machen: Haben sie vor allem Kontakt zu einem wohltuenden Staat, der ihnen zum Beispiel durch Bafög das Studium ermöglicht? Oder mit den repressiven Seiten eines Staates, der ihnen bei einer rassistischen Polizeikontrolle begegnet oder sie im Jobcenter demütigt? Haben sie gerade eine Kampagne gegen die unmenschliche Politik des Heimatministeriums gestartet oder haben sie Verbündete im lokalen Migrationsbeirat?

Zum Weiterstöbern

- Moritz Zeiler (2017): *Materialistische Staatskritik. Eine Einführung*. Schmetterling-Verlag.

BAUSTEIN

WAS TUN MIT DEM STAAT?

Wir stellen euch drei Wege vor, wie Transformationsakteur*innen auf Staat schauen und strategisch mit ihm umgehen. Klar ist: In der Realität mischen sich meist verschiedene Strategien. Findet ihr euch und eure Arbeit in einer dieser strategischen Umgangsformen mit dem Staat wieder?

Wir sind die Guten: Den Staat übernehmen

Manche Transformationsakteur*innen gehen davon aus, dass der Staat und seine Institutionen, so wie sie sind, genutzt und dann von innen transformiert werden können. Sie verstehen staatliche Strukturen als wirksame Hebel gesellschaftlicher Transformation, da staatliche Strukturen schließlich zentral unsere Gesellschaft gestalten. Dabei werden sie weitestgehend als neutrale Werkzeuge angesehen, die aktuell lediglich in den falschen Händen liegen. Sie ließen sich aber auch – und sehr wirksam – für die gute Sache nutzen, wenn zum Beispiel Gesetze Minderheitenrechte schützen oder wenn eine Regierung ein Maximaleinkommen festlegen würde. Damit der Staat zu einem Guten Leben für alle beiträgt, müssen daher in dieser Logik Transformationsakteur*innen staatliche Strukturen auf verschiedenen Ebenen übernehmen (→ Baustein: **AUF WELCHER EBENE ANSETZEN?**). Dabei stellen sich für soziale Bewegungen folgende Fragen: Wie können wir staatliche Strukturen dazu bringen, unsere Forderungen umzusetzen? Wie können wir selbst in Positionen kommen, um staatliche Strukturen mitzugestalten und zu verändern, zum Beispiel in lokalen Behörden oder nationalen Parlamenten? Beispiele für solche Ideen progressiver Staatsprojekte sind die aus den Anti-Austeritäts-Protesten entstandene Partei *Unidas Podemos* in Spanien oder die *Klimalisten* in Deutschland.

Eine Gefahr liegt jedoch darin, dass die starren Mühlen staatlicher Strukturen auf diesem Weg die emanzipatorischen und transformativen Ansätze sozialer Bewegungen zermahlen und am Ende des Tages nicht mehr viel davon bleibt. Das zeigte sich zum Beispiel, als die einst aus der Umweltbewegung entstandenen *Grünen* in hessischer Regierungsverantwortung duldeten, dass die Anti-Autobahn-Proteste 2020 im Dannenröder Forst unter massiver Polizeigewalt geräumt wurden. Und dies war nicht der erste Bruch der Partei mit den einstigen Idealen. Dies lässt sich auch beobachten, wenn die Partei *Die Linke* zwar außerparlamentarische antirassistische Gruppen und linke Initiativen unterstützt, gleichzeitig aber Landesregierungen, in denen die Partei beteiligt ist, Menschen in Kriegsgebiete abschiebt – wie in Thüringen – oder linke Projekte räumt – wie in Berlin. Das oben beschriebene Staatsverständnis und ein entsprechender Umgang mit staatlichen Institutionen findet sich zudem mit vielen Problemen ab, die Staatlichkeit grundsätzlich mit sich bringt – zum Beispiel mit ungleichen Machtpositionen, auch in Demokratien. Zuletzt bleibt die

Frage, wieso sich trotz progressiver Regierungen so wenig in Richtung sozial-ökologischer Transformation tut? Inwiefern greift ein solches, neutrales Staatsverständnis zu kurz?

„Kein Gott, kein Staat, kein Patriarchat": Staat(liche Sicherheitsapparate) ablehnen

Viele Gruppen und Menschen, die eine befreite Gesellschaft anstreben, lehnen den Staat als Ganzes oder viele seiner Institutionen grundlegend ab. Einem hegemonialen Verständnis folgend sind staatliche Strukturen die einzigen, die legitime Gewalt anwenden dürfen – die Rede ist vom vielzitierten Gewaltmonopol des Staats. Doch was ist, wenn der Staat selbst gewaltförmige, ausbeuterische oder unmenschliche Strukturen damit stützt und schützt, zum Beispiel ein Grenzregime, das Menschenleben kostet (→ Baustein: **DIE GEWALT DER VERHÄLTNISSE ENTLARVEN**)? Die Bewegung *Transformative Justice* verweist beispielsweise darauf, dass staatliche Institutionen, die vorgeben, Sicherheit herzustellen – wie Polizei, Strafanstalten, Überwachungsmechanismen oder Grenzen –, marginalisierte Gruppen immer diskriminieren. Sie geben an, dass diese Institutionen unsichere Verhältnisse verschärfen, statt sie nachhaltig zu verbessern. Sich auf den strafenden Staat zu verlassen, führe zu weniger Sicherheit und mehr Gewalt – vor allem gegen marginalisierte Gruppen. Für Menschen, die nicht der Dominanzgesellschaft angehören, stelle Staatlichkeit keinen Schutz dar und sorge auch nicht für allgemeine Sicherheit. Vielmehr geht dieser Schutz für sie mit einer Gefährdung einher. Vertreter*innen des Transformative-Justice-Ansatzes stehen in der abolitionistischen Tradition des Kampfes für die Abschaffung der Sklaverei. Heute sind es vor allem queerfeministische und antirassistische Aktivist*innen, die diese Bewegung tragen. Sie sagen, dass strukturelle Veränderungen notwendig seien, um Gewalt zu verringern und das Leben für Menschen sicherer zu machen – indem beispielsweise Armut reduziert und soziale Netze ausgebaut werden. Praktisch bedeutet das, dass die Bewegung Betroffene von Gewalterfahrungen direkt unterstützt. Gleichzeitig soll zukünftige Gewalt präventiv und kollektiv verhindert werden, indem sie die gewaltausübende Person sowie deren Umfeld und Gemeinschaft zur Übernahme von Verantwortung für ihre Gewalt bewegen. Die Aktivist*innen engagieren sich auch im Aufbau von Strukturen, die den gewalttätigen Verhältnissen entgegenwirken sollen, wie Gesundheitsversorgung, Bildungsangebote oder nicht-prekäre Wohnverhältnisse.

Auch für Anarchist*innen ist der Staat immer mit Herrschaft von A über B verbunden. Das gilt auch dann, wenn es – wie in einem demokratischen System – eine Herrschaft der Vielen ist. Schließlich zeichnet sich der Staat gerade dadurch aus, dass er in einem bestimmten Gebiet Regeln durchsetzen kann – auch mit juristisch gesicherter Gewalt (Polizei, Bußgelder, Gefängnis und so weiter). Dieser Logik folgend wird in unserer Gesellschaft der Staat zum Handlanger für zerstörerische kapitalistische Interessen. Staat ist also immer verbunden mit Herrschaft und Gewalt. Dieser Kern des Staates – dass Menschen über Menschen herrschen – ist daher der Grund, wieso Anarchist*innen Staatlichkeit grundlegend ablehnen. Aus einer solchen Perspektive ergeben sich für Transformation unter anderem zwei Handlungsoptionen, die sich in sozialen Bewegungen häufig ergänzen:

1. *Staat zerschlagen*: (Strafende) staatliche Strukturen müssen abgewickelt oder aktiv zerschlagen werden. Eine Mitarbeit in seinen Institutionen ist ausgeschlossen, da diese immer herrschaftsförmig und diskriminierend sind. Eine Übernahme staatlicher Macht kann Herrschaftsverhältnisse nicht überwinden.

2. *Alternativen aufbauen*: Eine Organisierung jenseits staatlicher Strukturen ist zentral und soll in alternativen, nichtstaatlichen, kleinen oder großen Strukturen der Selbstver-

waltung und kollektiver Verantwortungsübernahme passieren. Beispiele sind (neben den genannten kollektiven Unterstützungs- und Verantwortungsstrukturen im Kontext der Bewegung Transformative Justice) die konkreten Selbstverwaltungsräume, die im besetzten Hambacher Wald oder Dannenröder Wald entstanden sind, oder selbstverwaltete Solidarkliniken, Suppenküchen und Tauschmärkte, die 2008 im krisengebeutelten Griechenland das sozialstaatliche Versagen abgefangen haben.

Aber eine Frage bleibt: Geht das überhaupt, Staatlichkeit abschaffen? Wie kommen wir mit diesen Strategien aus den Nischen der Transformation? Wie können die Lebensbedingungen von Menschen verändert werden, die unter den aktuellen staatlichen Strukturen leiden und die mit solchen Nischenprojekten nicht in Kontakt kommen, wenn wir den Staat links liegen lassen?

Beziehungsstatus „Es ist kompliziert": Kritisch-strategisches Verhältnis zum Staat

Andere Transformationsakteur*innen wiederum haben ein (noch) komplizierteres Verhältnis zum Staat, das so manchen Widerspruch aushalten muss. Sie gehen davon aus, dass staatliche Strukturen keine neutralen Werkzeuge sind. Im Gegenteil: Der Staat wird als Kampffeld verstanden, in dem um Vorstellungen von gesellschaftlicher Ordnung gerungen wird. Kritische Wissenschaftler*innen sprechen dabei von *materiellen Verdichtungen von Kräfteverhältnissen*[27] im Staat. Was bedeutet das? Sie sagen: In den Regeln und Handlungen des Staates werden die Auswirkungen der sozialen und ökonomischen Macht- und Herrschaftsverhältnisse greifbar. Ist die Gesellschaft rassistisch und auf Eigentumslogik ausgelegt, werden auch staatliche Institutionen Menschen rassistisch abwerten und Privateigentum verteidigen. Das zeigt sich beispielsweise dann in Gesetzen, die unser aller Leben beeinflussen. Der Staat ist also kein geschlossener Apparat, sondern in ihm spiegeln sich die gesellschaftlichen Kräfte wider. Das heißt auch, dass zwischen unterschiedlichen

27 Nikos A. Poulantzas (2002/1978): Staatstheorie: politischer Überbau, Ideologie, autoritärer Etatismus. VSA.

staatlichen Instanzen Widersprüche bestehen – beispielsweise wenn Kommunen Geflüchtete aufnehmen wollen, während das Innenministerium dies blockiert (→ Baustein: **AUF WELCHER EBENE ANSETZEN?**).

Verschiedene gesellschaftliche Akteur*innen ringen in der Arena des Staates darum, die gesellschaftlichen Verhältnisse zu verschieben. Und dies nicht nur in Form von Stimmanteilen bei Wahlen, sondern eben in ganz vielen Aushandlungen: Ist das harte Vorgehen der Polizei gegen linke Demonstrationen gesellschaftlich akzeptiert oder löst es Massenproteste aus? Wie wird das Verfassungsrecht ausgelegt, wenn es um Geschlechtsoptionen geht? Doch in dieser Arena kämpfen nicht alle mit gleichen Waffen: Im globalen Kapitalismus ist deutlich, dass kapitalstarke Wirtschaftsakteur*innen wie Pharmaunternehmen in der staatlichen Arena eine deutlich wirkmächtigere Position haben als beispielsweise Millionen Menschen im Globalen Süden. Deswegen wird das Patent auf Impfstoffe nicht ausgesetzt, auch wenn es in Zeiten einer globalen Pandemie – wie unter Covid-19 – im Sinne des Gemeinwohls und globaler Gesundheitsversorgung völlig absurd erscheint, nicht allen Menschen so schnell und günstig wie möglich Zugang zur Impfung zu verschaffen. Wenn wir staatliche Strukturen als Ergebnis von gesellschaftlichen Kräfteverhältnissen begreifen, wird verständlich, wieso das passiert.

Es ist ein sehr ungleicher Kampf im Ringen um Staatlichkeit, aber Veränderungen und Verschiebungen sind möglich. Und dies versuchen soziale Bewegungen zu erreichen, die ein kritisch-strategisches Verhältnis zum Staat einnehmen. Bewegungen mit einem solchen Verhältnis gehen davon aus, dass vom Staat keine Lösung der Vielfachkrisen ausgeht und er Herrschafts- und Diskriminierungsformen nicht überwindet. An den Staat zu appellieren oder durch die staatlichen Institutionen zu marschieren, reicht daher für einen transformativen Wandel nicht aus.

Doch wie können wir Verschiebungen auf dem Kampffeld des Staates erreichen und trotzdem als progressive Akteur*innen wirkmächtig bleiben? Und wie kann der Staat als Werkzeug für Transformation genutzt werden? Transformative Akteur*innen mit einem kritisch-strategischen Verhältnis zum Staat probieren hierfür verschiedene Wege aus. Letztlich geht es um eine Kombination verschiedener Strategieelemente. Ein Weg ist zum Beispiel, eigene solidarische Strukturen und Institutionen zu entwickeln, die relativ autonom funktionieren, Menschen überzeugen und sich nicht staatlich vereinnahmen lassen – zum Beispiel solidarische, selbstverwaltete Gesundheitsnetzwerke. Gleichzeitig können bestehende staatliche Strukturen soweit möglich und im Sinne einer revolutionären Realpolitik (→ Baustein: **REALPOLITIK REVOLUTIONÄR GESTALTEN**) für emanzipatorische Projekte ausgereizt und genutzt werden – zum Beispiel wenn juristische Mittel für transformative und demokratisierende Zwecke herangezogen werden. So macht es die Volksentscheidsinitiative *Deutsche Wohnen und Co. enteignen* in Berlin vor, die die Kontrolle über Wohnraum wieder in die Hand der Mieter*innen legen will. Solche Initiativen, die versuchen, die Macht in staatlichen Strukturen zu dezentralisieren und zu demokratisieren, können eine wichtige Rolle spielen für transformative Bewegungen – also zum Beispiel Volksentscheide, lokale Rätestrukturen wie Ernährungsräte oder partizipative Bürger*innenhaushalte. Dies kann die Handlungsspielräume sozialer Bewegungen erweitern. Und auch wenn der Gang durch die Institutionen in sozialen Bewegungen kritisch diskutiert wird: Um diese Institutionen tatsächlich wirkmächtig nutzen zu können, kann die Zusammenarbeit mit progressiven Akteur*innen innerhalb staatlicher Institutionen von Vorteil sein.

Wie deutlich wird, ist die Auseinandersetzung mit Staat und Staatlichkeit ziemlich kompliziert. Aber sie ist auch grundlegend für die Frage nach Transformationsstrategien und hängt eng mit den Vorstellungen von gesellschaftlichem Wandel zusammen. Diese Fragen mehr in sozialen Bewegungen zu besprechen, eröffnet andere Perspektiven auf Strategien gesellschaftlicher Transformation. Und auch wenn die Antworten dann unterschiedlich ausfallen: Wahrscheinlich braucht es für die Transformation gerade das Zusammenspiel verschiedener Strategien im Umgang mit dem Staat (→ Baustein: **KEINE MUSS ALLEINE**). Und hier spielt auch die zeitliche Dimension eine Rolle: Für welche eher kurzfristigen Forderungen kann Staatlichkeit im Sinne revolutionärer Realpolitik genutzt werden? Und welche Vorstellungen von einem Guten Leben für alle sind mit Staatlichkeit unter den aktuellen Bedingungen nicht vereinbar?

Beispiel: MST – zwischen Besetzungen, Autonomie und Wahlkampf

Die Darstellung der unterschiedlichen Strategien im Umgang mit Staat und Staatlichkeit ist sehr idealtypisch. Die brasilianische Landlosenbewegung *Movimento dos Sem Terra* (MST) ist ein gutes Beispiel dafür, wie sich in der Praxis die unterschiedlichen Umgangsformen mit staatlichen Institutionen mischen und sich je nach konkreten Rahmenbedingungen verändern. Ziel der MST ist ein grundlegender Wandel in der extrem ungleichen Landverteilung und ungerechten Agrarpolitik. Die MST setzt sich darüber hinaus breiter für eine gerechte und ökologische Gesellschaft ein. Die MST hat in ihrer fast vierzigjährigen Geschichte eigene basisdemokratische Entscheidungsstrukturen im großen Maße aufgebaut (in der MST sind etwa 1,5 Millionen Menschen organisiert). Zudem hat die MST eigene soziale Infrastrukturen entwickelt, beispielsweise unabhängige Schulen und Bildungseinrichtungen für Kinder und Erwachsene sowie auch Kliniken. Dadurch konnte sie Strukturen aufbauen, die ihr eine gewisse Unabhängigkeit von staatlichen Strukturen ermöglichen. Das größte politische Druckmittel der MST sind illegale Besetzungen von ungenutztem Land oder von Ländereien in gesetzeswidrig bewirtschaftetem Großgrundbesitz.

Trotz ihrer Unabhängigkeit hatte die MST in der Vergangenheit ein strategisches Verhältnis zum brasilianischen Nationalstaat. In der Zeit linker Regierung nutzte die MST staatliche Politik, um die Handlungsspielräume der Bewegung und auch die Lebensbedingungen ihrer Mitglieder abzusichern. Mit den Besetzungen versucht die MST zum Beispiel, die staatlichen Behörden unter Druck zu setzen und juristische Prozesse zu führen, um das Land von unrechtmäßigen Landbesitzenden den landlosen Familien zu überschreiben. Bereits über 400 000 Familien konnten so legale Landtitel erhalten. In der Vergangenheit gab es zudem Versuche von Aktivist*innen der MST, in Parlamenten, Behörden oder lokalen Regierungen Ämter zu erlangen, um so die Möglichkeiten für Ressourcenverteilung an die Landbevölkerung aus den staatlichen Strukturen heraus zu nutzen. Zu Beginn der Regierungszeit des linken Präsidenten Lula, der eine großangelegte Landreform angekündigt hatte, entschied sich die MST dazu, die Landbesetzungen einzuschränken. Sie wollten so das politische Vorhaben unterstützen – wissend, dass eine Landreform strukturell die Ungleichheiten in der Landverteilung verändern würde. Als jedoch deutlich wurde, dass die Landreform von Präsident Lula in der Realität nicht den Erwartungen der MST entsprach, wurden die Landbesetzungen und auch andere politische Großaktionen erneut aufgenommen. Dies sollte den Druck auf die linke Regierung wieder erhöhen und materielle Veränderungen in der Landvergabe anstoßen. Seit Regierungsantritt des rechten Präsidenten Jair Bolsonaro hatte die MST wiederum mit massiven Angriffen vonseiten des Staates zu kämpfen.

► Freund*innen der brasilianischen Landlosenbewegung MST: mstbrasilien.de/

Übung 1: Wenn ich an den Staat denke...

Einleitung

Diese **Assoziationsübung** soll zunächst einen Einstieg in die Auseinandersetzung mit dem Thema Staat ermöglichen, indem du dir/ihr euch zunächst über eure ganz spezifischen, instinktiven Verständnisse von Staat und Erfahrungen mit staatlichen Strukturen bewusst werdet.

Min. 20 Minuten

Alleine als stille Denkübung oder zu zweit als gemeinsame Denkübung

Stift und Papier

Ablauf

Lest nacheinander folgende Fragen durch und notiert jeweils in Stillarbeit eure Antworten auf einem Zettel.

- Wenn du an Staat denkst, welche fünf Wörter kommen dir als erstes in den Sinn?
- Wenn du an Staat denkst, welche fünf Gefühle kommen dir als erstes in den Sinn?
- Wenn du an Staat denkst, welche Farbe kommt dir als erstes in den Sinn?

Wenn ihr diese Übung zu zweit ausführt, lest euch gegenseitig die Antworten vor. Überlege dann alleine oder überlegt gemeinsam, was diese Assoziationen über dein/euer Verständnis von Staat und Staatlichkeit aussagen.

Quelle der Übung

Die Übung haben wir neu erarbeitet.

Übung 2: Transformation im Plenarsaal oder im Plenumszelt?

Einleitung

Mit dieser **analytischen Gruppenübung** könnt ihr gemeinsam in eine vertiefte Diskussion über euren politischen Umgang mit staatlichen Strukturen einsteigen. Dabei helfen euch Impulse aus Texten und einem Podcast.

Ablauf

1. Eintauchen in Text und Ton (30 Minuten)

Lest euch (einzeln oder gemeinsam) folgende Texte durch beziehungsweise hört euch den Podcast-Ausschnitt an. Achtet beim Lesen/Hören auf folgende Fragen:

- Welche Verständnisse von Staat tauchen in den Texten und Beiträgen auf?
- Welche Strategien zum Umgang mit dem Staat für Transformation werden vorgeschlagen?

Ca. 90 Minuten

3-15 Personen

ab 9 Personen: siehe Anpassungsvorschlag am Ende der Übung

Materialtexte ausgedruckt oder digital

Audioabspielgerät und Lautsprecher für Podcast

Stift und Papier für Notizen

Wenn ihr mögt, könnt ihr euch Notizen machen, während ihr lest/hört.

Texte und Podcast:

- Indigo und Jojo (2021): *Klimagerechtigkeit wird nicht in den Parlamenten gemacht. Warum Camp-Klos putzen mehr verändern kann als Wahlkampf.* In: IL Debattenblog, blog.interventionistische-linke.org/klima/klimagerechtigkeit-nicht-in-den-parlamenten
- Jakob Blasel (2020): *„Wir sind zu frustrierten Aktivisten geworden." Jakob Blasel, einer der führenden Aktivisten von Fridays for Future, will für den Bundestag kandidieren. Er sagt: Es braucht radikale Klimaaktivisten im Parlament.* Interview in: Zeit campus, zeit.de/campus/2020-08/fridays-for-future-jakob-blasel-klimaaktivismus-radikal-kandidatur-bundestag/
- Podcast Ende Gelände (2021): *Staatsverhältnis.* Folge 22, open.audio/library/tracks/109176, Ausschnitte: Min. 32:40-40:10 und Min. 46:02-48:14.

2. Verständigung (20 Minuten)

Tragt danach in der Gruppe zusammen, welches Staatsverständnis und Strategien in den einzelnen Texten vorgeschlagen werden. Nehmt euch dafür 20 Minuten Zeit.

3. Diskussion (40 Minuten)

Diskutiert im Anschluss mithilfe folgender Leitfragen, was euch beim Lesen/Hören in den Sinn gekommen ist.

- Wenn ihr an eure eigene politische Arbeit zurückdenkt: Wie seid ihr bislang mit dem Staat umgegangen? (Wo) findet ihr euch in den Beiträgen wieder? Wo habt ihr beim Lesen/Hören vielleicht den Kopf geschüttelt?
- Welcher Aspekt hat euch bewegt oder überrascht? Worüber würdet ihr gern mehr wissen oder sprechen?
- Hat sich nach dem Hören und Lesen der Beiträge euer Blick auf Staat und Staatlichkeit verändert? Wenn ja, inwiefern?

Variante

Für Gruppen ab 9 Personen: Teilt euch in drei Gruppen auf und lest/hört und diskutiert pro Gruppe einen Text/den Podcast. Nehmt euch dafür 15 Minuten Zeit. Kommt wieder in der Großgruppe zusammen und tragt dann den Inhalt eures Textes/Podcasts in maximal 5 Minuten an die anderen zurück. Lasst 5 Minuten pro Gruppe für Rückfragen zu. Steigt dann wie oben beschrieben in die Diskussion ein.

Quelle der Übung

Die Übung haben wir neu erarbeitet.

Zum Weiterstöbern

- Karbis, Lumii, Milan, Rafiki und Vicuña (2022): *Staat: Ende Gelände mit dem Staat?* In: Ende Gelände: We shut shit down. Edition Nautilus, S. 171-184.
- Melanie Brazzell (2019): *Was macht uns wirklich sicher?* Edition assemblage.
- Friederike Habermann (2009): *Freiheit, Gleichheit, Ausschluss. Staatlichkeit und Intersektionalität.* In: Staat und Geschlecht: Grundlagen und aktuelle Herausforderungen feministischer Staatstheorie. Nomos, S. 199-214.

BAUSTEIN

Auf welcher Ebene ansetzen?

Die Ebene, auf der wir Probleme erkennen, schreibt nicht allein die Ebene für transformatives Handeln vor. Das klingt erst einmal komplex, ist im Handeln von sozialen Bewegungen aber längst gängige Praxis: So wissen Kimagerechtigkeitsaktivist*innen, dass der *globale* Kapitalismus die Erderhitzung hervorruft – und doch sind es nicht allein die *globalen* Klimaverhandlungen, auf die Druck ausgeübt wird. Auch von Bundesministerien, Landesregierungen und Kommunen fordern Aktivist*innen eine ambitionierte Klimapolitik. Klimagerechtigkeit wird also mindestens auch auf der nationalen, regionalen und lokalen Ebene erkämpft.

Noch immer konzentrieren sich Transformationsdebatten häufig auf die nationalstaatliche Ebene. Politische Entscheidungen werden jedoch nicht allein auf der Ebene des Nationalstaats getroffen, sondern auch auf Ebene von Staatenverbünden wie der EU oder auf internationaler Ebene. Und auch Bundesländer, Gemeindeverbände und Kommunen sind Schauplätze des Ringens um Transformation. Herrschende politische Kräfte versuchen, radikale Transformationen auf verschiedenen Ebenen zu verhindern. Soziale Bewegungen sollten daher *multi-skalare* Strategien entwickeln (und tun dies auch schon). Dies bedeutet, mehrere Ebenen als Terrain zu nutzen, um Handlungs-

macht auszuweiten und Transformation voranzutreiben. Denn das bewusste Bespielen verschiedener Ebenen kann helfen, die eigene Widerstandsfähigkeit zu stärken, Spielräume auszuweiten oder neue Zielgruppen zu erreichen.

Vor allem dann, wenn Strategien auf einer Ebene festgefahren sind und ein Vorankommen wenig aussichtsreich scheint, ist es eine gute Möglichkeit, die Ebene für das Handeln zu wechseln. Durch überraschende Politikvorstöße auf völlig anderen Ebenen kann es möglich werden, den eigenen Spielraum zu erweitern und Blockaden zu umgehen. Als Ergebnis kann dann im besten Fall die scheinbar unumstößliche Hierarchie zwischen der mächtigen nationalen Ebene auf der einen Seite und globalen wie auch lokalen Vernetzungen auf der anderen Seite herausgefordert und auf den Kopf gestellt werden.

Beispiel: Der Kampf um Städte für wirklich alle auf verschiedenen Ebenen

Die *Seebrücke*-Initiativen in vielen deutschen Städten springen strategisch zwischen verschiedenen Ebenen. Dublin, Frontex, Moria: Die menschenrechtskonforme und sichere Aufnahme von Menschen auf der Flucht haben die EU und nationale Regierungen in den letzten Jahren nicht nur ignoriert, sondern rundum blockiert. Ein weiteres Abarbeiten an der Festung Europa auf genau diesen Terrains wurde kräftezehrend und wenig erfolgversprechend. Ab 2018 wechselten die Initiativen daher ihre Strategie. Die kommunale Maßstabsebene rückte unter dem Slogan „Schafft sichere Häfen" in den Fokus der Bewegung. 309 Städte und Gemeinden haben sich seitdem per Stadtratsbeschluss zu einem sicheren Hafen bekannt (Stand: Juni 2022). Sie bieten damit aus Seenot geretteten Menschen Schutz und Aufnahme und unterstützen die Seenotrettung aktiv. Die Kampagne der Seebrücke ist ein bewusst vollzogener Maßstabssprung, der den Druck auf andere Ebenen erhöht und migrationspolitische Spielräume erweitert.

Einen Sprung in die andere Richtung – nach „oben" – vollzogen die *Recht-auf-Stadt*-Bewegungen. Kämpfe auf lokaler Ebene gegen Verdrängung und Zwangsräumungen und für eine Stadt für alle waren lange zentrale Aktionsfelder von Recht-auf-Stadt-Initiativen. In vielen Städten weltweit entstanden solche Initiativen, kamen aber schnell an ihre Grenzen. Denn viele der beobachteten Probleme äußerten sich zwar auf kommunaler Ebene, die Ursachen fanden sich aber auf Landes-, Bundes- und internationaler Ebene. Die Antwort bestand darin, in den Folgejahren ab circa 2015 stärker politisch auf anderen Ebenen aktiv zu werden, ohne die lokale aktivistische Verwurzelung zu verlieren. Das bundesweite Forum *Recht auf Stadt*, Zeitschriften wie *Común – Magazin für stadtpolitische Intervention* oder bundesweite Kampagnen wie *Mietenstopp* oder *Housing Action Day* gehören zu diesen Ansätzen. Ein europaweites Bündnis formierte sich in der *European Action Coalition for the Right to Housing and the City*.

- ► Seebrücke: seebruecke.org
- ► Recht auf Stadt-Forum: rechtaufstadt-forum.de
- ► European Action Coalition for the Right to Housing and to the City: housingnotprofit.org

Übung: Den Ebenensprung wagen

Einleitung

Die folgende **analytische Gruppenübung** soll euch dabei helfen, verschiedene Ebenen für eure politische Arbeit zu identifizieren und zu überlegen, an welcher Stelle ein Ebenensprung (englisch: Scale-Jumping) für euch sinnvoll sein könnte.

Diese Methode lässt sich gut mit den Methoden *Pillars of Power* und *Points of Intervention* (→ Baustein: **KÄMPFEN STATT APPELLIEREN**) kombinieren, da es um ähnliche Fragen geht, jedoch bei der folgenden Übung die Perspektive der Ebene zentral in den Blick kommt.

Ca. 120 Minuten

Max. 8 Personen
Bei größeren Gruppen in Kleingruppen aufteilen

Stifte
Moderationskarten (wenn möglich in unterschiedlichen Farben)
Klebeband

Ablauf

1. Ausgangspunkt (5 Minuten)

Bildet einen großen Kreis mit Platz in der Mitte. Benennt euer politisches Anliegen oder Thema möglichst genau und schreibt es knapp auf eine Moderationskarte (beispielsweise „barrierefrei Bahnfahren in Sachsen-Anhalt"). Klebt diese Karte in der Mitte auf den Boden.

2. Wildes Sammeln (25 Minuten)

Sammelt die Akteur*innen und Institutionen (Entscheidungsträger*innen, Gesetze, Medien, Organisationen und so weiter), die auf euer politisches Anliegen Einfluss haben oder haben könnten. Sammelt erstmal wild und diskutiert nicht die einzelnen Punkte. Schreibt jede einzelne Idee auf eine Moderationskarte.

Beim Beispiel „barrierefrei Bahnfahren" könnten das Karten sein wie „Deutsche Bahn", „Bauplanung Bahnhofsvorplatz unserer Stadt", „UN-Behindertenrechtskonvention", „§265a des Strafgesetzbuchs: Freiheitsstrafen für ticketlos im ÖPNV", „Zeitschrift der Bahn" und „Bahnfahrende vor Ort".

3. Ebenen identifizieren (30 Minuten)

Klebt jetzt mit Klebeband eine horizontale Linie auf den Boden. Diese Linie stellt das Spektrum an Ebenen dar. Die horizontale Linie soll euch helfen, die Ebenen nicht als hierarchisch zu betrachten. Das eine Ende der Achse markiert ihr nun mithilfe von Moderationskarten mit „lokal" und das andere Ende mit „international". Wenn ihr wollt, könnt ihr dazwischen weitere Ebenen markieren, wie „kommunal", „regional" und „national".

Platziert nun die Moderationskarten aus eurer wilden Sammlung auf dem Ebenenstrahl an der Stelle, wo ihr die Akteur*in oder Institution verortet. Auch wenn es bei manchen Karten knifflig ist: Haltet euch nicht zu lange damit auf.

Macht eine kleine Zwischen-Evaluation: Zu welcher Ebene habt ihr besonders viele Karten gesammelt? Fallen euch für die Ebenen, die bisher wenig gefüllt sind, noch Akteur*innen und Institutionen ein? Markiert, beispielsweise mit einem farbigen Stift, die Karten, auf die ihr zurzeit schon versucht, Einfluss zu nehmen. Gibt es Auffälligkeiten, was die Ebenen betrifft?

Eine kleine Pause tut nun sicher gut! (15 Minuten)

4. Erfolgschancen einschätzen (25 Minuten)

Ergänzt in einem nächsten Schritt die Ebenen-Linie mit einer weiteren Klebeband-Linie, die senkrecht durch die Mitte läuft. Es entsteht ein Kreuzdiagramm. Diese Linie soll darstellen, wie erfolgversprechend ihr eine Intervention einschätzt. Markiert daher die Enden der senkrechten Linie mit „erfolgversprechend" und „nicht erfolgversprechend".

Überlegt nun gemeinsam, wie eure Möglichkeiten sind, auf die von euch gesammelten Akteur*innen und Institutionen einzuwirken, und wie bedeutsam und erfolgversprechend eine Intervention auf dieser Ebene für euer politisches Ziel allgemein wäre. Verschiebt die Karten auf der senkrechten Achse entsprechend dieser Einschätzung.

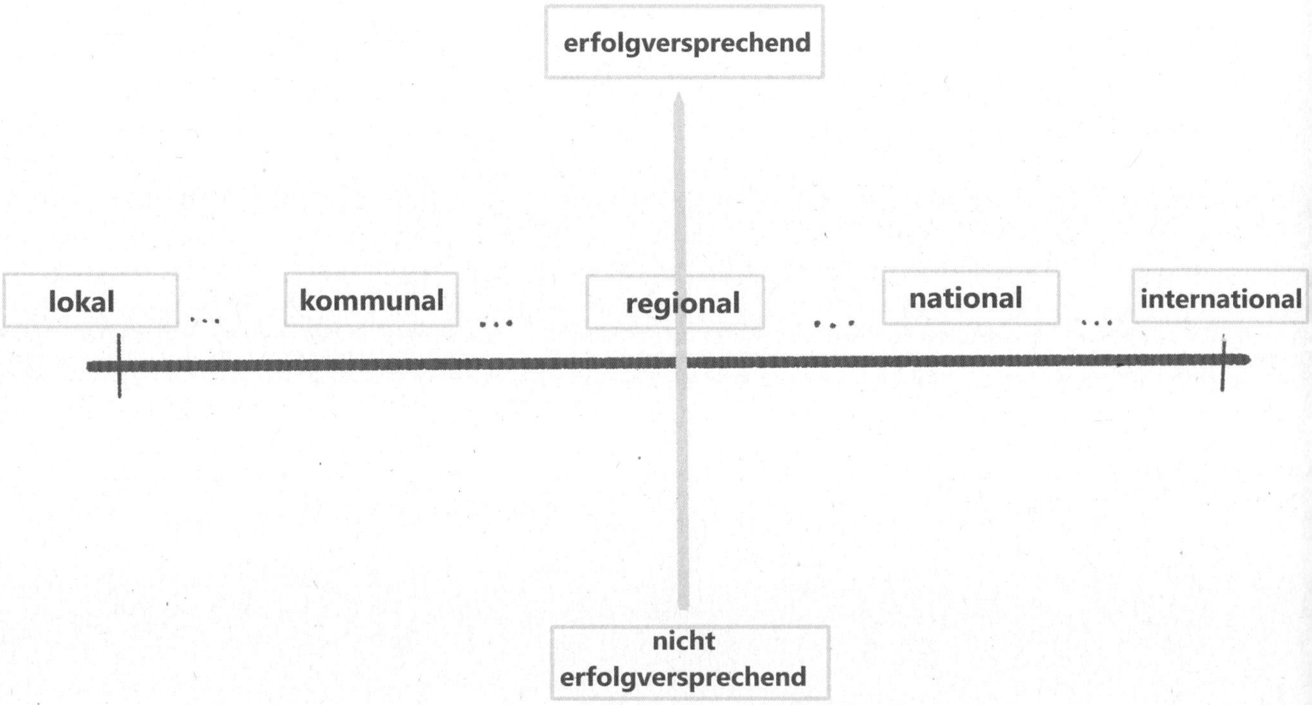

5. Ernte (20 Minuten)

Überlegt zum Schluss: Welche Ansatzpunkte (Akteur*in/Institution + Ebene) scheinen aufgrund des Mappings für euch und eure Möglichkeiten erfolgversprechend? Markiert die entsprechenden Moderationskarten mit einem Kasten. Zum Abschluss könnt ihr folgende Fragen besprechen: Sind neue Ebenen in den Blick gekommen, die ihr bislang noch nicht bedacht habt? Wie stehen sie mit den Ansatzpunkten und Ebenen in Verbindung, auf die ihr euch bislang konzentriert habt? Was könnt und wollt ihr aus dieser Analyse für eure weitere Arbeit mitnehmen?

Im Prozess der Strategiearbeit lohnt es sich, diese Übung immer wieder in regelmäßigen Abständen durchzuführen. Was verändert sich? Kommen Akteur*innen auf bestimmten Ebenen dazu, als Ansatzpunkte für die eigene Strategie oder auch als mögliche Verbündete (→ Baustein: **KEINE MUSS ALLEINE**)?

Quelle der Übung

Die Methode haben wir neu erarbeitet. Sie ist lose angelehnt an die Methode Power Mapping: beautifultrouble.org/toolbox/tool/power-mapping/

Zum Weiterstöbern

- Susanne Heeg, Bernd Röttger und Markus Wissen (2007): *Politics of Scale: Räume der Globalisierung und Perspektiven emanzipatorischer Politik*. Westfälisches Dampfboot.
- Sydney Tarrow (2005): *The New Transnational Activism*. Cambridge University Press, voidnetwork.gr/wp-content/uploads/2016/09/The-New-Transnational-Activism-by-Sidney-Tarrow.pdf
- Wenke Christoph und Stefanie Kron (2019): *Solidarische Städte in Europa. Urbane Politik zwischen Charity und Citizenship*. Rosa-Luxemburg-Stiftung, rosalux.de/publikation/id/40039

TRANSFORMATION DURCH ESKALATION?

Die Bandbreite politischer Aktionsformen ist groß. Zwischen Online-Petition und friedlicher Sabotage liegen viele Eskalationsstufen. Wieso und wann entscheiden sich Bewegungen dafür, Konflikte zu eskalieren? Welche Rolle spielen Gewalt und Gewaltvorwürfe dabei? Auf den nächsten Seiten geht es um Risiken von Eskalation – und ihrer möglichen Notwendigkeit.

Auch wenn soziale Bewegungen erfolgreich darin sind, große Teile der Bevölkerung auf ihre Seite zu ziehen, bleiben Systeme oftmals stabil. Ein Beispiel: Am 20.09.2019 gingen beim Klimastreik in Deutschland 1,4 Millionen Menschen für Klimaschutz auf die Straße. Kurz darauf verabschiedete die Regierung ein erschreckend unzureichendes Klimapaket. Systemische Veränderungen beinhaltete dieses Paket nicht. Angesichts starker systemstabilisierender Beharrungskräfte kann es daher notwendig sein, darüber nachzudenken, wie der politische Druck (noch weiter) erhöht werden kann. Die Idee dahinter: Wenn der Druck hoch genug ist, können es sich die politischen Verantwortlichen nicht mehr leisten, ihn zu ignorieren oder schaffen es nicht mehr, ihn mit Kompromissen zu senken. Um den politischen Druck zu erhöhen, spielen zugespitzte gesellschaftliche Konflikte eine wichtige Rolle. Soziale Bewegungen spre-

chen in diesem Zusammenhang von *Eskalation*. Eskalation meint hier, dass politische Konflikte allmählich gesteigert und verschärft werden, um politische Ziele zu erreichen.

Eskalation kann unterschiedliche Formen annehmen: Einerseits kann politischer Druck erhöht werden, indem sich mehr Menschen an politischem Protest beteiligen. Das nennt sich auch *horizontal eskalieren*. Soziale Bewegungen befähigen und ermuntern immer mehr Menschen, sich an Protesten zu beteiligen und gleichzeitig die Leiter des Engagements hinaufzusteigen. Massenhafte Aktionen funktionieren nach diesem Prinzip. Die Aktivistinnen Payal Parekh und Carola Rackete erklären, was es dafür braucht: „Wir müssen niederschwellige Einstiegsmöglichkeiten schaffen, die die Menschen dabei unterstützen, auf eine Art und Weise aktiv zu werden, die sie anspricht, und sie gleichzeitig ein wenig aus ihrer Komfortzone herausholt."[28] Im → Baustein: **ORGANIZING –TRANFORMATION AUS DEM ALLTAG HERAUS** vertiefen wir, wie soziale Bewegungen in der Breite wachsen können.

Gleichzeitig kann der politische Druck auch dadurch erhöht werden, dass die Menschen, die sich bereits an politischem Protest beteiligen, höhere Risiken eingehen und radikalere Aktionsformen wählen. Das nennt sich dann *vertikal eskalieren*. Die Bandbreite von Aktionsformen – von Petitionen, Medienkampagnen und Straßentheater über Demonstrationen, Sitzblockaden zu Sachbeschädigungen oder auch symbolischen oder physischen Angriffen auf Personen – lässt verschiedene Eskalationsstufen zu. Konkret sind hiermit auch Aktionsformen gemeint, die außerhalb des legal vorgesehenen Rahmens stattfinden, zum Beispiel ziviler Ungehorsam, Sprüh-Aktionen, Ankleben von Aktivist*innen an Infrastrukturen, Hacken oder Sabotage. Vertikale Eskalation ist für viele Bewegungen ein großer Diskussionspunkt. In der Klimabewegung wird beispielsweise viel über *friedliche Sabotage* diskutiert. Diese zielt darauf, lebenszerstörende Infrastruktur zu beschädigen und außer Kraft zu setzen. Gleichzeitig werden dabei jedoch keine Menschen gefährdet.

Die Geschichte der vertikalen Eskalation von politischen Konflikten ist davon geprägt, dass beispielsweise Politiker*innen oder Mainstream-Medien (scheinbare oder tatsächliche) Gewaltanwendungen sozialer Bewegungen in den Vordergrund rücken. Sie zielen darauf, von der Sache abzulenken und soziale Anliegen und Bewegungen zu verunglimpfen. Dadurch, dass Gewalt – aus gutem Grund – negativ behaftet ist, wird das Label „Gewalt" zu einem wichtigen Instrument im Kampf um Hegemonie. Strukturelle Formen von Gewalt und Unterdrückung lassen sich dadurch leicht unter den Teppich kehren. Als 2021 und 2022 Klimaaktivist*innen die Luft aus den Reifen von SUV entweichen ließen, fabulierten konservative Medien über die „Gewalt linker Chaoten". Eine Debatte über die Gründe für diese Form der friedlichen Sabotage sparten diese Medien gezielt aus.

Die Diskussion, welche Rolle verschiedene Formen von Gewalt in emanzipatorischen Wandelprozessen spielen, ist nicht einfach. Linke Transformation zielt darauf, gewaltvolle Verhältnisse abzuschaffen. Manchmal entscheiden sich soziale Bewegungen strategisch für Aktionsformen, die beispielsweise von konservativen Politiker*innen als gewalttätig bezeichnet werden. Manchmal äußert sich linker Protest auch spontan eskalativ, zum Beispiel in wütenden *Riots* (übersetzt: Aufstand) oder als Antwort auf gewaltvolle Repression, und wird dann als „gewalttätig" markiert. Mindestens in Deutschland führt eine wahrgenommene „Gewaltbereitschaft" – zum Beispiel durch Sachbeschädigung – schnell dazu, dass sich andere Akteur*innen distanzieren oder sich Bewegungen spalten. Dies wird auch von herrschenden Gruppen ausgenutzt, um Proteste zu schwächen.

Wir denken, dass es sich lohnt, über das Verhältnis von Eskalation, Gewalt und Transformation nachzudenken und zu sprechen. Dies scheint auch deshalb sinnvoll, da oft auch gewaltfreie Aktionen mit (Polizei-)Gewalt beantwortet werden. Oder auch, weil andere Gruppen mit den gleichen Zielen andere Aktionsformen wählen. Dann stellt sich die immer wieder schwierige Frage: Wie verhalten wir uns in diesen Fällen? Wie können transformative Bewegungen strategisch und differenziert mit Fragen von Eskalation und Gewalt(-vorwürfen)

28 Payal Parekh und Carola Rackete (2021): Wie kann die Klimabewegung ihren Kampf eskalieren, um die Machtverhältnisse zu verändern, wald-statt-asphalt.net/wie-kann-die-klimabewegung-ihren-kampf-eskalieren-um-die-machtverhaltnisse-zu-verandern

umgehen? Inwiefern und unter welchen Bedingungen verschlechtern oder verbessern Aktionsformen, die als gewaltvoll wahrgenommen werden, die Chancen für eine emanzipatorische Gesellschaftsveränderung? Ihr findet im Folgenden keine abschließende Antwort. Wir schildern in den nächsten zwei Bausteinen einige Überlegungen zu diesen Fragen aus Theorie und Bewegungen.

Welche Rolle Eskalation und Gewaltvorwürfe aus einer Hegemonie-Perspektive spielen, schauen wir uns im → Baustein: **DIE GEWALT DER VERHÄLTNISSE ENTLARVEN** genauer an. Im → Baustein: **SICH NICHT SPALTEN LASSEN** schauen wir auf die strategischen Chancen und Risiken von Eskalation jenseits der Überlegungen zu Hegemonie. Wir thematisieren darin außerdem die Bedeutung solidarischer Bündnisse trotz unterschiedlicher Aktionsformen. Mit beiden Bausteinen möchten wir euch gedankliche Impulse geben und euch darin unterstützen, in ein strategisches Gespräch zu diesen Fragen zu kommen. Vorweg sei noch gesagt: Bei allen strategischen Überlegungen spielen die eigenen ethischen Bedenken und Maßstäbe eine zentrale Rolle. Auch uns haben sie beim Schreiben dieses Kapitels immer wieder dazu angeregt, Abschnitte zu diskutieren, zu verwerfen oder zu überdenken. Bis zuletzt hatten wir auch innerhalb des Kollektivs und auch im Kreis der Feedbackgebenden mehr konstruktive Debatte als Konsens zu diesen Fragen.

Zum Weiterstöbern

- Payal Parekh und Carola Rackete (2021): *Wie kann die Klimabewegung ihren Kampf eskalieren, um die Machtverhältnisse zu verändern?*, waldstatt-asphalt.net/wie-kann-die-klimabewegung-ihren-kampf-eskalieren-um-die-machtverhaltnisse-zu-verandern/
- Rainer Rilling (Hrsg.) (2008): *Eine Frage der Gewalt. Antworten von links.* Texte Rosa-Luxemburg-Stiftung. Band 49. Karl Dietz Verlag, rosalux.de/fileadmin/rls_uploads/pdfs/Publ-Texte/Texte_49.pdf
- Strategy Stuff (2020): Video: Strategy of Protest and Revolution 1: Basic Elements, youtu.be/YeK-1VAZrjso
- Literarische Bearbeitung des Themas: Dorothee Häußermann (2019): *Wind aus Nord-Süd*. Tredition; Kim Stanley Robinson (2021): *Das Ministerium für die Zukunft*. Heyne.

BAUSTEIN

DIE GEWALT DER VERHÄLTNISSE ENTLARVEN

„WIR SIND FRIEDLICH, WAS SEID IHR?" (DEMOSPRUCH)

Wie und bis wohin eskalieren wir? Kann es strategisch sinnvoll sein, Aktionsformen zu wählen, die von außen als Gewalt wahrgenommen und bezeichnet werden? Während moralische Pazifist*innen Gewalt aus ethischen Gründen ausnahmslos ablehnen, rückt der strategische Pazifismus vor allem Überlegungen rund um Hegemonie und Wirksamkeit in den Fokus. Das häufigste Argument von strategischen Pazifist*innen ist, dass mit Gewalt nur schwer gesellschaftliche Sympathien und Zustimmung in der Breite zu gewinnen sind. Mit scheinbar illegitimer Gewalt – im Vergleich zu scheinbar legitimer Gewalt, wie zum Beispiel ausgeübt durch Polizeibeamt*innen bei Festnahmen – ist es schwierig, den hegemonialen Konsens aufzubrechen. Innerhalb emanzipatorischer Allianzen und mehr noch in der öffentlichen Wahrnehmung führt Gewalt häufig zu Distanzierung (→ Baustein: **SICH NICHT SPALTEN LASSEN**). Im Gegensatz dazu stehen Bilder von Menschen bei einer legal angemeldeten Demo, die durch repressive Gewalt zurückgedrängt werden. Das ist eine Erzählung, die viel leichter Sympathien in der Bevölkerung gewinnt und dazu beitragen kann, Gegen-Hegemonie aufzubauen. Eine wichtige strategische Frage ist also: Was nimmt die Öffentlichkeit als friedlich und was als gewaltvoll wahr, was als legitim oder illegitim – und warum?

Pragmatisch meint Gewalt im alltäglichen Sprachgebrauch all das, was die Unversehrtheit von Menschen (und Tieren) angreift. Viele Menschen sprechen auch von Gewalt, wenn es um Sachbeschädigung geht. Wir halten es politisch nicht für zielführend, die Unversehrtheit von leblosen Dingen und Lebewesen gleichzusetzen. Gleichzeitig ist natürlich auch diese Unterscheidung zwischen Angriffen auf Personen oder Sachen/Eigentum schwierig, wie die folgenden zwei Beispiele zeigen: Eine Aktivistin wirft als symbolischen Akt eine Torte auf die rassistische AfD-Politikerin Beatrix von Storch. Rassist*innen brennen das Auto eines Bürgermeisters nieder, der sich für die Aufnahme von Geflüchteten ausgesprochen hat. Allgemeine Definitionen von Gewalt sind schwierig. Wenn wir aber über die politische Rolle von Gewalt in Transformationsprozessen nachdenken, hilft es uns, die Unterscheidung des brasilianischen Befreiungstheologen Hélder Câmara heranzuziehen. Câmara unterscheidet in „Die Spirale der Gewalt" (1970) unter anderem drei Typen von Gewalt:

1. *Institutionelle, strukturelle Gewalt*: Das meint jene alltägliche Gewalt, die tief in gesellschaftlichen Strukturen verankert, legalisiert und scheinbar „normal" und „legitim" sei. Diese wird selten unter Gewalt verhandelt. Beispiele sind Ausbeutung, Armut, Diskriminierung und Einsperrungen.

2. In Reaktion darauf entstehe *widerständige Gewalt*: Diese sei zwar nicht immer moralisch vertretbar oder legitim, aber aufgrund der institutionellen Gewalt unausweichlich.

3. Schließlich entstehe *repressive Gewalt*. Diese versuche, die widerständige Gewalt im Zaum zu halten und verschärfe dabei oft die Gewalt von Typ 1.

Wenn im herrschenden Diskurs über die Legitimität und Sinnhaftigkeit von Gewalt diskutiert wird, dann ist damit meistens nur jene des zweiten Typs gemeint. Gewalt des ersten und dritten Typs werden dagegen häufig nicht in Frage gestellt.

Um Gegen-Hegemonie aufzubauen, ist es entscheidend, inwiefern transformative Akteur*innen die Gewaltförmigkeit der herrschenden Verhältnisse glaubhaft aufzeigen können. Dadurch können sie auch die Legitimität von institutioneller und auch repressiver Gewalt in Frage stellen. Auch der strategische Pazifismus hält gewaltvolle Eskalation in bestimmten Fällen für notwendig und legitim, zum Beispiel bei Notwehr. Der Kontext ist hier entscheidend. Selbst Friedensnobelpreisträger Nelson Mandela hatte angesichts der Massaker des Apartheidstaats eskalative Aktionsformen für notwendig erachtet und 1961 in Südafrika den bewaffneten Arm der Anti-Apartheids-Organisation *African National Congress – uMkhonto we Sizwe* (MK) – mitgegründet. MK führte Sabotageaktionen und Angriffe unter anderem auf militärische Ziele und Infrastruktur wie Kraftwerke durch.

Insbesondere antikoloniale Kämpfer*innen setzen die Frage der widerständigen Gewalt immer wieder auf die strategische Agenda, wenn es um die Veränderung der herrschenden Verhältnisse geht. Von den antikolonialen Befreiungskämpfen in Haiti um 1800 bis zu den brennenden Polizeiwachen im Rahmen der aktuellen Proteste gegen rassistische Polizeigewalt in den USA spielen gewaltförmige Aktionsformen in antikolonialen Kämpfen

eine Rolle.[29] 1961 erschien das Buch „Die Verdammten dieser Erde“ von Frantz Fanon. Der antikoloniale Denker macht darin deutlich, dass die Gewalt in den als legitim anerkannten Institutionen so enorm und gleichzeitig so stabil ist, dass ein komplett gewaltfreier Widerstand nicht möglich sei. Beispiele für diese Institutionen sind früher die Sklaverei und der Kolonialismus, heute Fortführungen davon in rassistischer Polizeiarbeit oder menschenverachtenden Grenzregimen. In den eingangs beschriebenen Gewaltdimensionen gesprochen: Institutionelle Gewalt führt unausweichlich zu widerständiger Gewalt. Dabei verherrlichte Fanon Gewalt nicht, wie es in Militanz-Kontexten manchmal passiert. Auch er plädierte dafür, Gewalt, wo immer möglich, zu vermeiden. Denn sie gehe immer mit physischem und psychischem Leid – vor allem für marginalisierte Menschen – einher. Doch er war angesichts der extremen Machtungleichheiten überzeugt, dass die herrschenden Verhältnisse sich nur mithilfe gewaltförmiger Mittel brechen lassen.

Die Verurteilung von widerständiger Gewalt passiert somit häufig aus einer privilegierten Position heraus, von Personen, die weniger von Gewalt betroffen sind und viele Handlungsmöglichkeiten innerhalb des politischen Systems haben. Inwiefern sind diese Überlegungen und Erfahrungen gültig für die heutigen Verhältnisse in Deutschland? Wenn wir an die nach Jahren immer noch verschleppte Aufklärung vieler rassistischer Morde oder rassistischer Polizeigewalt in Deutschland denken, stellt sich auch hier die Frage anderer Handlungsoptionen angesichts der krassen Gewaltförmigkeit der herrschenden Verhältnisse. So stellt der deutsch-türkische Rapper Chefket in seinem Track *Petrichor*[30] den Gedanken in den Raum, dass es nach den rassistischen Anschlägen in Hanau 2020 Riots in Deutschland hätte geben können. Wie hättet ihr euch in diesem Fall dazu verhalten?

Fanons Analyse kann über spezifisch antikoloniale Kämpfe hinaus auch allgemeiner für Widerstände gegen eine imperiale Lebens- und Produktionsweise relevant sein. Die gewaltvolle imperiale Lebensweise ruft einerseits enormes Leid hervor. Andererseits ist sie extrem stabil und angesichts globaler Machtasymmetrien schwer zu überwinden. Andreas Malm macht daher für den fossilen Kapitalismus folgendes Argument auf: „Angesichts des Ernstes der Lage ist es höchste Zeit, dass die Bewegung in entschiedener Weise vom Protest zu Widerstand übergeht.“[31] Er fragt, ab welchem Zeitpunkt soziale Bewegungen eskalieren und die Dinge zerstören sollten, mit denen wenige fossile Energieunternehmen unserer aller Zukunft auf diesem Planeten für die Profite von wenigen sehr real gefährden.

Aus hegemonie-strategischer Perspektive stellt sich vor allem die Frage, wie Bewegungen über ihre eskalativen Aktionen sprechen und wie sie diese einbetten. Wenn transformative Akteur*innen das große Leid deutlich machen können, das Klimakrise, Kriege und Abschiebepolitik über Menschen bringt, erscheint es in einem anderen Licht, wenn sie Ölpipelines schädigen, Panzer sabotieren oder Grenzzäune einreißen. Sie können die Diskussion darauf lenken, welche ethischen Argumente gegen diese Aktionen sprechen – angesichts der Bedrohung des menschlichen Überlebens durch fossilen Kapitalismus, kriegerischen Imperialismus und Rassismus. Insbesondere wenn keine Personen in Gefahr gebracht werden, sondern es sich lediglich um die Beschädigung von Eigentum von machtvollen Unternehmen oder Institutionen handelt, können sich ethische Diskussionen verschieben. Aktionsformen, die als gewaltvoll wahrgenommen werden, lassen sich dann vor dem Hintergrund der Hegemonie der imperialen Lebensweise als ein notwendiger und legitimer Akt ihrer konkreten Zurückdrängung erklären. Es ist daher wichtig, solche Aktionsformen in eine Erzählung einzubetten, die mit dem Finger auf diese herrschende Gewalt zeigt

29 Nerges Azizi und Simin Jawabreh (2021): Von Moria bis Haiti. Das Feuer im Lager reiht sich ein in eine Genealogie antikolonialer Widerstände. In: analyse & kritik. 667, akweb.de/bewegung/lager-feuer-brand-widerstand-gefluechtete/

30 Chefket (2021): Petrichor, chefket records, soundcloud.com/chefket/petrichor

31 Andreas Malm (2020): Wie man eine Pipeline in die Luft jagt. Kämpfen lernen in einer Welt in Flammen. Matthes & Seitz, S.80.

(→ Baustein: **GESCHICHTEN DES WANDELS ERZÄHLEN**). Das passiert beispielsweise auch, wenn aus einer friedlichen Sitzblockade der Sprechchor „Wir sind friedlich, was seid ihr" in Richtung der Polizei ertönt, die mit Knüppeln, Wasserwerfern und Pfefferspray die Blockade aufzulösen versucht.

Um stärker zwischen institutioneller und repressiver Gewalt einerseits und widerständiger Reaktion andererseits unterscheiden zu können, entwickeln Bewegungen daher auch eigene Begriffe für eskalative Aktionsformen. Ein Beispiel ist der Begriff *friedliche Sabotage*: Dabei handelt es sich um gezielte Beschädigung von Sachen, die in der Regel kein persönliches Eigentum sind, sondern großen Konzernen oder Institutionen gehören. Friedliche Sabotage kommt ohne Waffen aus, achtet darauf, dass keine Menschen verletzt werden und die daran beteiligten Menschen vertreten diese in der Öffentlichkeit als legitime Notwehr.

Beispiel : #NoDAPL – Pipeline-Proteste mit Straßenblockaden und Sabotage

Die *Dakota Access Pipeline* soll Fracking-Öl aus Schiefergestein quer durch die USA transportieren – unter anderem durch viele indigene Gebiete. First Nations, vor allem Standing Rock Sioux, und andere Anwohner*innen haben vielfältig und entschieden gegen den Bau protestiert, da die Pipeline die Trinkwasserversorgung gefährdet und kulturelle (Begräbnis-)Stätten zerstört. Die Bewegung, bekannt unter dem Hashtag #NoDAPL, bediente sich diverser Eskalationsstufen: Öffentlichkeitswirksame Kampagnen, juristische Klagen, mehrmonatige Protestcamps, Sit-ins und Straßenblockaden sowie Besetzungen von Baumaterial. Private Sicherheitsfirmen und die Polizei bekämpften den Protest unter Einsatz von massiver Gewalt, unter anderem durch Kampfhunde, Schockgranaten und Pfefferspray. Die Protestierenden und ihre Verbündeten skandalisierten die repressive Gewalt, wodurch es zu einer weltweiten Welle der Solidarisierung kam.

Zwei Mitglieder des *Catholic Workers Movement* in den USA bekannten sich 2017 dazu, eine Serie an Sabotageakten und Brandanschlägen auf die im Bau befindliche Dakota Access Pipeline durchgeführt zu haben. Durch die Aktionen der zwei Frauen gingen Baumaschinen, Pipeline-Teile und andere Infrastruktur in Flammen auf oder wurden anderweitig unbrauchbar gemacht. Sie erreichten, dass der Bau sich um mehrere Monate verzögerte. Die beiden Frauen traten an die Öffentlichkeit, um ihren Schritt zu begründen und auch Nachahmer*innen zu motivieren – trotz der massiven Haftstrafen, die ihnen dann bevorstanden. Sie begründeten in einem Interview ihre Aktionen damit, dass legale Wege des Protests ausgeschöpft und nicht erfolgreich waren. Außerdem sagten sie: „Manche mögen diese Aktionen als gewalttätig ansehen, aber sie irren sich. Wir haben von Herzen gehandelt und weder Menschenleben noch persönliches Eigentum bedroht. Was wir getan haben, war der Kampf gegen ein privates Unternehmen, das in unserem Land wahllos Land beschlagnahmt und die Wasserversorgung unseres Landes verschmutzt hat."[32]

Nicht die gesamte Bevölkerung der USA hieß die Proteste, inklusive Massenaktionen zivilen Ungehorsams durch Sit-ins und friedliche Sabotage, gut, aber eine Mehrheit der US-Amerikaner*innen sah die Pipeline kritisch. Dass die Protestierenden ihren Widerstand in den Kontext struktureller Gewalt gegenüber Indigenen stellen konnten, trug zu seiner Le-

32 Democracy Now (2017): Meet the Two Catholic Workers Who Secretly Sabotaged the Dakota Access Pipeline to Halt Construction, democracynow.org/2017/7/28/meet-the-two-catholic-workers-who

gitimierung bei. Ebenso legitimierend wirkten die Bilder, in denen deutlich wurde, dass Gewalt von Polizei und Sicherheitsfirmen ausging, und dass nicht-legale Aktionsformen nicht als Ersatz, sondern Fortführung von weniger eskalativen Formen eingesetzt wurden.

Übung: „Die Sprache der Unerhörten“

Einleitung

Mit der folgenden **Reflexionsübung** könnt ihr in ein Gespräch über die Legitimität von Eskalation einsteigen. Dafür erhaltet ihr Impulse aus einer Rede von Martin Luther King Jr.. Der bekannte Schwarze US-Bürgerrechtler äußerte sich in seiner Rede „The Other America“ an der Stanford University im Jahr 1967 unter anderem zu den Unruhen in den USA in den 1960ern, bei denen sich der Unmut über Rassismus und Polizeigewalt gegen Schwarze Menschen in den USA entlud.

Ca. 60 Minuten

1-6 Personen
Bei größeren Gruppen in Kleingruppen aufteilen

Ausdruck des Textausschnitts oder digital vorliegend für alle
Ggf. Beamer und Lautsprecher oder anderes Gerät zum Abspielen des Videos

Ablauf

Lest gemeinsam den folgenden, ins Deutsche übersetzten Ausschnitt aus der Rede „The Other America“ von Martin Luther King Jr.:

„Lassen Sie mich sagen, was ich immer gesagt habe und immer sagen werde: Aufstände sind sozial destruktiv und selbstzerstörerisch. Ich bin nach wie vor davon überzeugt, dass Gewaltlosigkeit die stärkste Waffe ist, die den unterdrückten Menschen in ihrem Kampf für Freiheit und Gerechtigkeit zur Verfügung steht. Ich bin der Meinung, dass Gewalt nur mehr soziale Probleme schafft, als sie lösen wird. In Wirklichkeit ist es für Schwarze Menschen ausgeschlossen, auch nur daran zu denken, eine gewaltsame Revolution in den Vereinigten Staaten durchzuführen. Ich werde also weiterhin die Unruhen verurteilen und meinen Brüdern und Schwestern sagen, dass dies nicht der richtige Weg ist. Und ich werde weiterhin bekräftigen, dass es einen anderen Weg gibt. Aber gleichzeitig ist es für mich ebenso notwendig, die Bedingungen, die Menschen dazu veranlassen, sich in Riots zu engagieren, ebenso energisch zu verurteilen, wie es für mich notwendig ist, die Riots selbst zu verurteilen. Ich denke, Amerika muss erkennen, dass diese Unruhen nicht aus dem Nichts entstehen. Es gibt in unserer Gesellschaft nach wie vor bestimmte Zustände, die ebenso entschieden verurteilt werden müssen, wie wir die Krawalle verurteilen. Aber letztlich ist ein Riot die Sprache der Unerhörten. Und was ist es, was Amerika nicht gehört hat? Es hat nicht gehört, dass sich die Notlage der Schwarzen armen Bevölkerung in den letzten Jahren verschlimmert hat. Es hat nicht gehört, dass die Versprechen von Freiheit und Gerechtigkeit nicht eingehalten wurden. Und es hat nicht gehört, dass große Teile der weißen Gesellschaft sich mehr um Ruhe und den Status quo sorgen als um Gerechtigkeit, Gleichheit und Menschlichkeit. Und so werden die Sommer der Unruhen in unserem Land in Wirklichkeit durch die Winter des Aufschubs in unserem Land verursacht. Und solange Amerika die Gerechtigkeit aufschiebt, werden wir immer wieder mit Gewalt und Unruhen konfrontiert werden. Soziale Gerechtigkeit und Fortschritt sind die absoluten Garanten für die Verhinderung von Unruhen.“[33]

33 Martin Luther King (1967): The Other America. Rede vom 04.04.1967, eigene Übersetzung.

Alternativ könnt ihr auch das Original in englischer Sprache lesen: crmvet.org/docs/otheram.htm oder euch die Video-Aufnahme seiner Rede ansehen unter: youtu.be/dOWDtDUKz-U (Min. 22:55-25:40).

Sprecht danach über eure Eindrücke zu der Rede. Folgende Leitfragen können euch dabei helfen:

- Welche unterschiedlichen Formen von Gewalt spricht Martin Luther King Jr. an?
- Welche Gedanken und Gefühle löst die Rede in euch aus?
- Stimmt ihr Martin Luther King Jr. zu? Was seht ihr anders?
- Lässt sich die Rede auf heutige Verhältnisse übertragen? Auf welche Situationen? Inwiefern lässt sich seine Analyse auch auf euer politisches Aktionsfeld übertragen?
- Wer bestimmt darüber, welche Gewalt als legitim akzeptiert und welche verurteilt wird?
- Welche Strategien kommen euch in den Sinn, mit denen die Legitimität institutioneller oder struktureller Gewalt in Frage gestellt werden kann?

Quelle der Übung

Die Übung haben wir neu erarbeitet.

Zum Weiterstöbern

- Andreas Malm (2020): *Wie man eine Pipeline in die Luft jagt*. Matthes & Seitz.
- Angela Davis im Interview über Revolution und Gewalt (1972): youtu.be/2HnDONDvJVE
- Frantz Fanon (1961): *Die Verdammten dieser Erde*. Suhrkamp.
- Hélder Câmara (1970): *Spiral of Violence*. Steeg and Ward Stagbooks, alastairmcintosh.com/general/spiral-of-violence-camara.pdf

BAUSTEIN

SICH NICHT SPALTEN LASSEN

„OB FRIEDLICH ODER MILITANT, WICHTIG IST DER WIDERSTAND." (DEMOSPRUCH)

Die Bandbreite aller – inklusive eskalativer – Aktionsformen erhöht den strategischen Spielraum sozialer Bewegungen. Doch wie können soziale Bewegungen die damit einhergehenden Risiken einschätzen? Und wie können sie einen konstruktiven Umgang mit verschiedenen, sich möglicherweise ausschließenden Aktionsformen finden?

In der Diskussion, ob eskalative Formen wie friedliche Sabotage notwendige und legitime Mittel sein können, ist es sehr wichtig, über das konkrete Level zu sprechen: Geht es darum, bei der nächsten Aktion Zäune einzureißen oder die Verletzung von Menschen in Kauf zu nehmen? Wenn nur abstrakt von „Gewalt" gesprochen wird, haben alle unterschiedliche Bilder im Kopf, die es erschweren, sich zu verständigen. Darüber zu sprechen, wo vertretbare und nicht vertretbare Aktionsformen in der individuellen Wahrnehmung beginnen und enden, kann für emanzipatorische Gruppen eine erste wichtige Gesprächsgrundlage sein. Mit konkreten Aktionsformen vor Augen können sie leichter den Rahmen abstecken, was ethische Eckpfeiler sind, welche Mittel sie, auch aufgrund moralischer Prinzipien oder Befürchtungen von Repression, kategorisch ausschließen und welche Herausforderungen, Risiken und Chancen bestimmte Protestformen mit sich bringen. Auch das Gespräch darüber, wo uns selbst strukturelle oder repressive Gewalt begegnet, kann dabei förderlich sein. Für den Aufbau breiter emanzipatorischer Gegen-Hegemonie ist es hilfreich, die komplizierten strategischen Implikationen radikaler Aktionsformen für Transformationsprozesse immer wieder zu diskutieren und sich nicht vorschnell spalten zu lassen. Wir wollen euch im Folgenden einige Überlegungen dafür an die Hand geben.

Ist Eskalation unserem Ziel angemessen?

Zunächst lässt sich Eskalation danach strategisch beurteilen, ob sie zur Zielerreichung beitragen kann. Eskalation erscheint in der Öffentlichkeit meist nur dann gerechtfertigt, wenn alle anderen Handlungsoptionen ausgeschöpft sind – beispielsweise, wenn juristische Wege versperrt werden oder Regierungen nicht auf legale Massendemonstrationen reagieren. Sie weiten den demokratischen Rahmen. Die Geschichte zeigt, dass viele historische Bewegungen, die wesentliche gesellschaftliche Fortschritte erkämpften, auf radikalere Aktionsformen zurückgegriffen haben. Solche Aktionsformen fehlen in dominanten Erzählungen gesellschaftlicher Errungenschaften – zum Beispiel, wenn über die Abschaffung der Sklaverei, das Frauenwahlrecht oder den Sieg über das Apartheidsregime in Südafrika gesprochen wird. Das beschreibt Andreas Malm in seinem Buch „Wie man eine Pipeline in die Luft jagt" (2020).

Transformationsakteur*innen können eskalative Aktionsformen wählen, um die imperiale Lebensweise direkt zurückzudrängen. Solche Aktionen können dann dem Ziel angemessen erscheinen, weil sie – zumindest in kleinem Maße – direkt wirken. Beispielsweise wenn wohnungslose Menschen und ihre Verbündeten mittels Einsatz von Sachbeschädigung ein leerstehendes Haus besetzen, um darin zu leben.

Soziale Bewegungen können auch auf Eskalation setzen, um die Dringlichkeit eines Systemwandels deutlich zu machen. Vertikale Eskalation setzt dafür auf direkte Störung alltäglicher Abläufe. Mit Blick auf Hegemonie ist jedoch auch wichtig: Wessen Abläufe werden gestört, und wer wird damit überzeugt? Aktionen, die den Alltag vieler Menschen beeinträchtigen, erhalten hohe Aufmerksamkeit, doch auch viel Gegenwind. Wenn eine Straße blockiert wird, um bessere Arbeitsbedingungen in der Pflege zu erkämpfen, erreicht dies viel Aufmerksamkeit. Aber der Zusammenhang zwischen Aktion und Ziel liegt nicht direkt auf der Hand. Aktionen wie beispielsweise der Diebstahl von Schlüsseln aus auf Güterzügen aufgereihten SUVs, die verkauft werden sollen, erhalten vielleicht weniger Aufmerksamkeit, aber mehr Zustimmung. Das liegt auch daran, dass es dem Ziel angemessener erscheint, auf Konzerne oder Politik abzuzielen, als auf scheinbar unbeteiligte Mitbürger*innen.

Schließlich besteht die Gefahr, dass eskalative Aktionen dazu führen, dass die herrschenden Verhältnisse mehr Rückenwind erfahren, anstatt ins Wanken zu geraten. Das kann passieren, wenn beispielsweise als Folge einer Aktion gefordert wird, härter gegen zivilgesellschaftliche Proteste durchzugreifen.

Das Gemeinwohl im Blick?

Emanzipatorische Kämpfe zielen auf die Abschaffung von gewaltvollen Verhältnissen. Doch die Geschichte hat gezeigt, dass der Einsatz von widerständiger Gewalt, der ursprünglich emanzipatorischen Zwecken dienen sollte, im Lauf der Zeit selbst in strukturelle Gewalt umschlagen kann. Beispiele reichen von der französischen Revolution bis zu postrevolutionären Zeiten in der Sowjetunion, Kambodscha oder Nicaragua. Wenn emanzipatorische Akteur*innen darauf abzielen, die herrschenden, gewaltvollen Verhältnisse in Frage zu stellen und überzeugende Alternativen dazu zu bieten, können dann Aktionen, die von anderen Menschen als gewaltvoll angesehen werden, überhaupt ein Teil davon sein? Und wenn radikale Aktionsformen legitim sind, gilt das dann nicht auch für jene, die eine solidarische, auf Gleichheit ausgerichtete Gesellschaft angreifen? Die Legitimität von Aktionen hängt davon ab, ob sie glaubwürdig auf das Allgemeinwohl abzielen oder nur - wie Rechte oder Corona-Leugner*innen beispielsweise - die Interessen einer Teilgruppen vertreten und dafür das Wohlergehen der Allgemeinheit hintanstellen.

Manche radikale Aktionsformen mögen im Grunde dem Gemeinwohl dienen, sie gehen jedoch mit hohen Risiken einher. Bei Protesten, die Sachbeschädigung miteinschließen, sind nicht beabsichtigte Auswirkungen manchmal schwer zu kontrollieren. So kann ein Brandsatz auf ein leeres Auto gegebenenfalls zu Verletzten führen, wenn etwa Menschen versuchen, den Brand zu löschen oder sich ein Feuer auf ein nahes Wohnhaus ausbreitet. Solche Ereignisse sind vielleicht selten, können aber fatale Auswirkungen auf die betroffenen Personen haben – und auch auf die Überzeugungsarbeit von sozialen Bewegungen. Mit solchen Aktionen können also über lange Zeit erkämpfte Sympathien in der Öffentlichkeit aufs Spiel gesetzt werden. Es ist wichtig, solche Risiken zu bedenken. Dabei geht es auch darum, die Verhältnismäßigkeit von möglichem Schaden und Gemeinwohl im Blick zu behalten – denn natürlich ist es nicht das Gleiche, ob eine unbeteiligte Person verletzt wird oder eine Stunde wegen einer Straßenblockade im Stau steht.

Wer kann mitmachen? Wer wird ausgeschlossen?

Eskalative Protestformen erfordern eine hohe Bereitschaft von Aktivist*innen. Sie sind nur schwer auf Dauer durchzuhalten. Für transformative Prozesse braucht es aber einen langen Atem. Aktionsformen außerhalb des legalen Rahmens sind voraussetzungsreich. Menschen müssen mit Angriffen auf ihre eigene körperliche Unversehrtheit oder mit krassen repressiven Reaktionen rechnen. Zunehmende Repression mit Verhaftungen, Hausdurchsuchungen, Verboten und Gefängnisstrafen führt zu hohen persönlichen Kosten der Aktivist*innen. Dies trifft meist auch Gruppen und Personen, die im thematischen oder persönlichen Umfeld vermutet werden, selbst aber nichts mit der bestimmten Aktion zu tun haben. Repressionen treffen dabei außerdem jene besonders hart, die eh schon strukturell diskriminiert werden. Solche Strategien müssen also in eine kontinuierliche Analyse eigener Privilegien und der Realität staatlicher Gewalt eingebettet werden (→ Baustein: **ZU VERBÜNDETEN UND KOMPLIZ*INNEN WERDEN**).

Solidarische Bündnisse

Eine strategische Auseinandersetzung mit eskalativen Widerstandsformen ist auch für die Bildung von solidarischen Bündnissen sinnvoll. Während staatliche Akteur*innen bloße Anrufungen ignorieren können, erhalten eskalative Proteste mehr – nützliche oder schädliche – Aufmerksamkeit. Zum einen kann Eskalation also das mediale Agenda-Setting schaffen, an dem moderate Proteste oft scheitern. Zum anderen bergen radikale Aktionsformen aber die Gefahr, dass sie in einer häufig nicht beabsichtigten Hierarchisierung Aktionsformen niedrigerer Eskalationsstufen in den Schatten stellen – auch mit Blick auf die öffentliche Wahrnehmung. Während Medien beim G20-Gipfel in Hamburg zum Beispiel viel über die Riots im Schanzenviertel berichteten, gerieten andere Protestmomente, wie die Blockade von Straßenzügen durch zivilen Ungehorsam, völlig in den Hintergrund.

Radikale Proteste treiben durch vertikale Eskalation – ebenso wie massenhafte, gewaltfreie Proteste – den Preis für das Nichthandeln der hegemonialen Kräfte in die Höhe. Sie erfordern eine Reaktion. Diese Reaktion kann von repressiven Antworten über wenige Zugeständnisse bis zu grundlegenden Veränderungen reichen. Die Reaktion hängt auch davon ab, wie stark die Widerstände gesellschaftlichen Rückhalt erfahren. Es geht für transformative Bewegungen also nicht nur um die Frage, welche Aktionsformen sie selbst als Teil ihres Protestrepertoires begreifen, sondern auch darum, inwiefern sie sich zu Akteur*innen mit anderen Protestformen solidarisch verhalten oder sich von diesen distanzieren. Auch für politische Gruppen, die für sich selbst Eskalation außerhalb des legalen Rahmens ausschließen, kann es nützlich sein, dass andere Gruppen des Bewegungsspektrums solche Mittel wählen. Denn es kann das auftreten, was Herbert Haines einen *positiven Flankeneffekt* nennt: Moderatere Protestakteur*innen können davon profitieren, dass andere Akteur*innen des Bewegungsspektrums radikalere Aktionsformen nutzen, weil sich dadurch die Verhandlungsposition der moderateren Akteur*innen verbessert.[34] Protestformen unterschiedlicher Eskalationsniveaus können sich in Transformationsbewegungen somit auch ergänzen, statt nur Konfliktpunkt zu sein. Eine Möglichkeit, mit Spaltungsversuchen umzugehen, ist, sich auf die Gründe des Protestes und die eigenen Aktionen zu konzentrieren und die konkreten Protestformen anderer bewusst unkommentiert zu lassen. Schließlich liegen sie nicht im eigenen Verantwortungsbereich. Das strategische Interesse der Gegenseite, hier Spaltlinien hervorzurufen, ist offensichtlich.

34 Herbert H. Haines (1984): Black Radicalization and the Funding on Civil Rights – 1957-1970. Social Problems, (32), S.31-41.

Beispiel: Anti-AKW-Bewegung: Trotz Differenzen gemeinsam stark

Die Anti-Atomkraft-Bewegung in Deutschland illustriert, dass sowohl friedliche als auch militante Protestformen Erfolge verbuchen konnten, und wie um einen Umgang mit Konflikten und Spaltungen gerungen wurde. So konnte das geplante Atomkraftwerk Wyhl durch eine breite Allianz von Winzer*innen bis zu Studierenden verhindert werden, unter anderem durch weitestgehend friedliche – wenn auch illegale – Bauplatzbesetzungen. Der Konflikt um den Bau der Wiederaufbereitungsanlage Wackersdorf hingegen eskalierte Mitte der achtziger Jahre. Bei Protesten am Bauzaun griff die Polizei Protestierende mit Wasserwerfern und Knüppeln an, CS-Gas-Kartuschen wurden aus Hubschraubern ungezielt auf Demonstrierende geworfen. Atomkraftgegner*innen warfen Steine und Polizeiautos wurden angezündet. Trotz der Auseinandersetzungen wuchs der Widerstand weiter und Ende der achtziger Jahre wurde der Bau eingestellt. Zu dem Repertoire der Atomkraftgegner*innen gehörten auch Sabotageakte wie das Umsägen von Strommasten. Aber die Gewaltfrage führte auch zu Konflikten innerhalb der Anti-Atomkraft-Bewegung. So gab es in den Protesten um die Atommülltransporte (die sogenannten Castor-Proteste) den breiten Konsens, dass keine Gewalt gegen Personen ausgeübt werden sollte. Dieser Konsens wurde jedoch von verschiedenen Gruppen unterschiedlich interpretiert: Für viele waren Sabotage und Sachbeschädigungen, für einige auch die militante Verteidigung von Blockaden legitim und von dem Konsens gedeckt. Dies führte zu handfesten Konflikten: So griffen 1997 Teilnehmer*innen der pazifistisch-orientierten Sitzblockade *X-Tausend-Mal quer* vermummte Autonome körperlich an, um diese am Aufbau brennender Barrikaden und an Angriffen auf Polizist*innen zu hindern. Eine friedliche Sitzblockade ist schwer aufrechtzuerhalten, wenn die Auseinandersetzungen parallel eskalieren. Bei späteren Castortransporten einigten sich Akteur*innen der Bewegung darauf, bestimmte Aktionsformen nur in ausgewählten Abschnitten durchzuführen, damit jede Gruppe ihre eigene Protestform wählen konnte, ohne dass diese durch die Aktionen anderer gefährdet wurde. Das Beispiel zeigt, dass gemeinsame Verabredungen zum Beispiel durch Aktionskonsense und solidarische Unterstützung auch dann funktionieren können, wenn es entgegengesetzte Positionen hinsichtlich bestimmter Aktionsformen gibt.

Übung: Option Eskalation

Einleitung

Anhand von konkreten Beispielen verschiedener Aktionsformen sowie einer Reihe von **Leitfragen** könnt ihr in der folgenden **Gruppenübung** ausloten, wie ihr persönlich und als Gruppe Eskalation und Gewalt wahrnehmt und wie sich unterschiedliche Aktionen auf die Arbeit von sozialen Bewegungen auswirken können.

Ablauf

1. Vorbereitung (10 Minuten)

Die folgende Liste sammelt Beispiele für Situationen und Aktionsformen unterschiedlicher Eskalationsgrade. Lest in Ruhe die Liste durch:

Min. 90 Minuten

2-20

Große Papierbögen und Stifte

1. Eine antirassistische Aktionsgruppe sabotiert einige Schiffe der europäischen Grenzschutzagentur Frontex.
2. Eine Aktionsgruppe für die Mobilitätswende lässt bei nächtlichen Touren die Luft von SUV-Reifen in ihrer Stadt entweichen.
3. Beim Treffen der G20 wird von globalisierungskritischen Gruppen die Auto-Kolonne der Regierungschefs mit Farbbeuteln beworfen.
4. Eine Klimagerechtigkeitsgruppe entscheidet sich dafür, einen Hackerangriff auf ein Kohlekraftwerk durchzuführen, um dieses lahm zu legen.
5. Kriegsgegner*innen verüben einen Brandanschlag auf eine Panzerfabrik.
6. Eine queerfeministische Gruppe wirft mit Tampons nach fundamentalistischen Abtreibungsgegner*innen.
7. Antifaschist*innen verprügeln einen stadtbekannten Nazi, der öffentlich gefordert hatte, an der Grenze auf Geflüchtete zu schießen.
8. Eine Demonstration gegen Polizeigewalt wird von der Polizei gestoppt, die dafür Pfefferspray und Schlagstöcke einsetzt. Flaschen fliegen aus den hinteren Reihen auf die Polizei.
9. Tierrechtler*innen zerstören die Zäune einer Massentierhaltungsanlage.

Klärt an dieser Stelle erstmal nur Verständnisfragen, falls etwas unklar ist. Teilt euch in Kleingruppen auf, um eine ausgewählte Situation oder je nach Zeit und Gruppengröße mehrere der Situationen zu diskutieren.

2. Diskussion in Kleingruppen (mindestens 30 Minuten pro Situation)

Diskutiert in der Kleingruppe die ausgewählte(n) Situation(en) anhand der folgenden Leitfragen. Die Fragen sollen nur der Inspiration dienen, es ist kein abzuarbeitender Fragenkatalog. Schreibt die wichtigsten Punkte auf einem Papier mit, um sie nachher den anderen vorzustellen:

- Inwiefern geht von der Situation Gewalt aus? Von wem? Wie würdet ihr die Gewalt beschreiben?
- Inwiefern können durch die Aktionsform konkret kurz-, mittel- und langfristige Erfolge erzielt werden?
- Gibt es Alternativen zu der Aktionsform, wenn ja, welche und welche Erfolgschancen messt ihr ihnen bei?
- Welche Gefühle löst die Situation in euch aus?
- Wie verändert sich in der öffentlichen Wahrnehmung das Problemfeld? Kann die Gruppe deutlich machen, dass sie zum Gemeinwohl beiträgt? Welche Form der öffentlichen Wahrnehmung ist zu erwarten? Ist sie hilfreich oder schädlich?
- Kann es die Gruppe schaffen, durch die Aktionsform die strukturelle Gewalt, die von dem Zielobjekt ausgeht, deutlich zu machen? Was könnten sie dafür tun?
- Wie würdet ihr euch in Bezug auf die Gruppe verhalten?

- Wird es für die Gruppe durch die Aktion schwieriger, Bündnisse aufzubauen? Inwiefern könnten andere Bündnisse entstehen?
- Wird die Aktion zu Spaltungen führen? Inwiefern und wie kann die Gruppe sich darauf vorbereiten?
- Welche Repressionsmaßnahmen sind zu erwarten? Wie kann die Gruppe individuell und kollektiv damit umgehen?
- Sind Auswirkungen auf Unbeteiligte zu erwarten? Inwiefern?
- Steht die Aktionsform im Widerspruch zu der gesellschaftlichen Veränderung, auf die die Gruppe eurer Meinung nach abzielt? Inwiefern?

Die Situationsbeschreibungen lassen bewusst viele Aspekte offen. Berücksichtigt in eurer Diskussion gern, wie sich eure Einschätzung ändert, wenn sich die Umstände der Situation verändern würden.

Eine kleine Pause tut nun sicher gut!

3. Nachbesprechung und Ernte (mindestens 45 Minuten)

Kommt zurück ins Plenum und teilt eure zentralen Diskussionsergebnisse mit den anderen. Wenn alle ihre Ergebnisse vorgestellt haben, diskutiert gemeinsam: Was könnt ihr aus diesen Überlegungen für eure eigene Arbeit und den eigenen Umgang mit verschiedenen Aktionsformen (von euch oder auch von Bündnispartner*innen) mitnehmen? In welcher Form und an welchen Punkten erscheint für euch Eskalation als mögliches Mittel für Transformation? Wo seht ihr Grenzen und die größten Risiken?

Haltet Konsens- und Streitpunkte zu diesen Fragen als Gruppe fest. Kommt in regelmäßigen Abständen zusammen, um diese Konsens- und Differenzpunkte wieder aufzugreifen und neu zu besprechen.

Quelle der Übung

Die Übung haben wir neu erarbeitet.

Zum Weiterstöbern

- Julia von Heinz (2020): *Und morgen die ganze Welt.* (Spielfilm)
- Philosophy Tube (2021): Video: Violence & Protest, youtu.be/dh4G1Gjv7bA
- The Global Nonviolent Action Database (ohne Jahr): Beispielsammlung gewaltfreier Aktionen, nvdatabase.swarthmore.edu/

Die Welt auf den Füßen

Wir ändern die Sachen, die geändert werden müssen. Wir ändern die Sachen, die wir nicht länger hinnehmen können. Mit diesem Gedanken folgen wir der afroamerikanischen Philosophin und Aktivistin Angela Davis und konzentrieren uns auf Schritte im Hier und Jetzt, die wir beeinflussen können. Die in diesem Buch zusammengetragenen Ideen und Methoden sollen genau dazu ermutigen: Gemeinsam für eine radikale, sozial-ökologische Transformation zu kämpfen, weil die gegenwärtige kapitalistische Kackscheiße nicht länger hinnehmbar ist.

Mit dem Handbuch, das du und ihr jetzt in den Händen haltet, möchten wir einen Einstieg in wichtige Themen bieten, vor denen Initiativen, politische Gruppen, Bündnisse, aber auch engagierte Einzelpersonen stehen, wenn sie Wandel anstoßen wollen. Als Autor*innen-Kollektiv möchten wir einen Beitrag leisten zu Transformationsstrategien für soziale Bewegungen und der gesellschaftlichen Linken im deutschsprachigen Raum. Einen Beitrag – keinen Masterplan. Entsprechend ist dieses Handbuch auch eine Einladung zum Kritisieren, Weiterdenken und -machen. Da wir Transformation als offenen Prozess verstehen, wünschen wir uns eine Debatte darüber, welche Probleme, Formate oder Übungen noch zu wenig sichtbar sind oder gar fehlen. Welche Ansätze und Methoden funktionieren für euch gut – welche gar nicht? Welche neuen Ideen und Prozesse konnte das Handbuch anstoßen? Wo sind weiterhin Leerstellen in der Transformationsdebatte? Wer wird zu wenig in diesen Fragen gehört?

Eine transformative Praxis für sozial-ökologischen Wandel ist für uns auch dadurch geprägt, Widersprüche zu halten – auch und gerade in der gesellschaftlichen Linken. Dinge sind komplex und wir untrennbar miteinander und in ein ausbeuterisches System verwoben. Es braucht Formate und Räume, um über innere wie äußere Widersprüche ins Gespräch zu kommen. So zieht sich ein wesentlicher Widerspruch durch dieses Buch, spielt sich in uns persönlich und zwischen uns ab und prägt auch die Illustrationen: ein Streit zwischen Plan und Offenheit. Ein Streit zwischen der Frage, wie wir einerseits rationale Pläne und kontrollierbare Strategien schmieden können. Und andererseits der Einsicht, dass genau dies militärischer und patriarchaler Logik entspricht und schlecht in unsere sich stets wandelnde Gesellschaft und unser Verständnis von Transformation passt. Diesen Widerspruch gilt es auszuhalten.

Sich so intensiv mit den Prinzipien, nach denen Transformation verlaufen kann, auseinandersetzen zu können, ist ein Privileg, das in den gegenwärtigen Verhältnissen nicht jede*r hat. Dafür braucht es zuvorderst Freiräume und -zeiten: eigene finanzielle Absicherung, Menschen, die uns bei der Care-Arbeit unterstützen, Arbeitsräume, digitale Tools, und so weiter. Wir haben in der Bearbeitungszeit besonders stark gespürt, wie wesentlich all das für das Gelingen unseres Projektes war. Wir sind dankbar für das viele Feedback, das wir erhielten, sowie für Interviews, die wir führen konnten, um Erfahrungen anderer miteinzubeziehen. Trotz dieser

Impulse steht für uns außer Frage, dass unsere eigenen Privilegien sich auf die Ausrichtung des Buchs und Auswahl der Strategie-Bausteine auswirkten. Wir sehen, dass aus diesem Grund manche Themen recht kurz kommen, zum Beispiel die Auseinandersetzung mit Alltagskämpfen und weniger verkopfte Zugänge zu dem Thema Transformation.

Bei der Arbeit an diesem Buch war unser wichtigster Anspruch, Transformationsstrategien zu bündeln, sodass sie verständlich und alltagstauglich sind und entsprechend auch Umsetzung finden – ohne dabei die Komplexität des Unterfangens aus dem Blick zu verlieren. Wir fragten uns: „Geht das?" Bei der Beantwortung musst du uns nun helfen. Uns war klar, dass die Arbeit an dieser Frage einige Zeit brauchen würde. Nun – nach zweieinhalb Jahren mit unzähligen Arbeitstreffen online und in Präsenz, zig Feedbackschleifen, nicht enden wollenden To-do-Listen und schönen Austauschmomenten an Lagerfeuern, am Meer und beim gemeinsamen Kochen – wissen wir: Der Schreibprozess könnte immer noch ein paar Monate oder Jahre weitergehen. In der Geschichte sozialer Bewegungen, in den Erfahrungen andernorts, in den tagtäglichen Kämpfen, in Forschungen und Studien gibt es noch so viel aufzuspüren, das für transformative Bewegungen bedenkenswert sein kann. Wir könnten und werden auch weiter aus Erfolgen und Misserfolgen vergangener und aktueller sozialer Bewegungen Erfahrungen ziehen und uns mit ihren Kämpfen und Utopien verbinden. Für dieses Handbuch haben wir uns nun aber entschieden, zu einem (vorläufigen) Ende zu kommen und es als Diskussionsbeitrag für die Suche nach Transformationsstrategien zur Verfügung zu stellen. Eben weil wir keinen abgeschlossenen Prozess dokumentieren, sondern mitten in einer Transformation sind.

Viele Menschen und Gruppen sind gemeinsam längst dabei, die Welt auf den Kopf zu stellen und die Verhältnisse herumzuwirbeln. Und Transformation heißt auch: Während diese radikale Veränderungen laufen, stellen sie die Welt gemeinsam auf neue Füße. Durch ihr Tun, durch neue Beziehungen miteinander und mit der natürlichen Mitwelt festigen Menschen in sozialen Bewegungen und emanzipatorischen Initiativen alltäglich eine Gesellschaft, in der ein Gutes Leben für alle möglich(er) wird. Das braucht einen langen Atem. Wir hoffen, dass dieses Handbuch dich und euch motiviert und darin unterstützt, weiter dran zu bleiben!

INHALT